NINGBO

LEARNING CITY

学习型城市建设

——以宁波市为例

主编 王 阳

上海交通大学出版社
SHANGHAI JIAO TONG UNIVERSITY PRESS

内容提要

本书共分三章,主要内容包括:学习型城市的基本理论;学习型城市建设的典型案例;宁波市创建学习型城市取得的主要成效、面临的挑战与未来发展趋势。全书层次清晰,内容翔实,案例丰富。宁波市学习型城市的创建经验,将为全国其他地区学习型城市的创建提供可资借鉴的范本。

图书在版编目(CIP)数据

学习型城市建设:以宁波市为例/王阳主编. —上海:
上海交通大学出版社,2017
ISBN 978 - 7 - 313 - 17930 - 2

Ⅰ.①学… Ⅱ.①王… Ⅲ.①城市建设—研究—宁波
Ⅳ.①F299.275.53

中国版本图书馆 CIP 数据核字(2017)第 197734 号

学习型城市建设——以宁波市为例

主　　编:王　阳

出版发行:上海交通大学出版社　　　　地　　址:上海市番禺路 951 号

邮政编码:200030　　　　　　　　　　电　　话:021 - 64071208

出 版 人:谈　毅

印　　制:昆山市亭林印刷责任有限公司　　经　　销:全国新华书店

开　　本:710mm×1000mm　1/16　　印　　张:12.5

字　　数:195 千字

版　　次:2017 年 11 月第 1 版　　　　印　　次:2017 年 11 月第 1 次印刷

定　　价:58.00 元

序

建设学习型城市是实现学习型社会的重要基石,是实现国家"两个一百年"奋斗目标和中华民族伟大复兴中国梦的重要支撑。

近年来,宁波市坚持以服务地方经济建设和社会发展为方向,以构建终身教育体系和创建学习型城市为目标,大力实施"百万农村劳动力素质培训工程",加强企业职工技能培训,积极开展社区教育实验工作。依托市、县(区)、镇(街道)、村(社区)四级终身教育办学网络,各级各类培训年平均达 400 万人次,形成了一个体系完整、布局合理、发展均衡的立体化、开放性、全方位的终身教育体系。

在终身教育体系的有力保障下,宁波市全面落实学习型城市的建设任务,逐步形成了具有宁波特色的创建模式。首先,广泛开展城乡社区教育一体化,推动社会治理深入创新,进一步构建具有宁波特色的"4+1"社区教育网络体系,实现社区教育公共服务的最优化,促进社区教育与社区建设的融合,提高社区治理能力,推动社会治理创新,推进了社会崇善、社会公平、社会和谐。其次,有效应用先进的现代信息技术、物联网技术,拓展教育学习时间空间,开展数字化学习示范社区(乡镇)创建活动,开展宁波市市民终身学习服务基地建设活动,拓展服务渠道,提高服务能力。第三,深入推进"学分银行"建设,探索建立符合宁波市实际的"学分银行"制度体系,搭建各级各类学习成果互认互换"立交桥",降低学习成本,提高学习成效,切实满足广大学习者的个性化学习需求,满足市民终身学习需求,促进人的全面发展。

经过多年的创新实践,宁波市已形成一批终身教育体系基本完善、各级各类教育协调发展、学习型组织培育优良,学习机会开放多样、学习资源丰富共享、人与城市和谐一体的学习型城区。截至2016年,宁波市各县(市)区开展创建学习型城市工作覆盖率已达到80%,基本建成学习意识普遍化、学习行为终身化、学习组织系统化、学习体系社会化的学习型城市,给广大市民创建了一个更好的终身学习的环境,给城市打造了一个更好的发展平台。目前,宁波市已总体步入全国学习型城市创建的第一方阵。

他山之石,可以攻玉。宁波市学习型城市的创建经验,将为全国其他地区学习型城市的创建提供可资借鉴的范本,为全面推进我国全民学习、终身学习的学习型社会建设做出应有的贡献。

目　　录

第一章　学习型城市的基本理论

只有我们所有人都学会负责任地生存,社会才能可持续地发展。

——唐虔　联合国教科文组织教育助理总干事

世界上的多数人目前已经生活在城市,未来还将有更多的人来到城市,因此城市充满了人才、机会和机遇。但是由于人口的聚集,城市也出现了严重的问题,面临严峻的挑战。如何缓解这些城市问题与挑战,是当前城市发展面临的迫切问题。人类社会已经进入了大众化时代,因此仅仅依靠精英和管理者是不够的,只有所有人都学会有责任地生活,才算是缓解当前城市危机的途径之一,同时,这也是当前教育和终身学习的必需职能,而建设学习型城市正是这种途径和职能的具体体现。

第一节　学习型城市的理论基础

学习型城市建设并不是一个简单的教育问题,实际上它是一场深刻的社会变革,是具有深刻的理论基础的。

从教育理论看,长期以来我国的教育学理论在教育的作用上,一直从"教育与社会的关系""教育与人的发展的关系"和"教育的相对独立性"三个方面来阐述,这样的角度是难以理解学习型城市建设的。

第二次世界大战以后,人类社会发生了极其重大的变化,引发了教育与人类发展的关系之间的重大变化:这一理论把人类社会的所有方面看作一个混合体,相互交织在一起,不可分割;实际上这也更接近现实的状况。所以,教育与人类社会发展的关系,是无法分割开来独立阐述和理解的,而必须以综合的方式对待人类社会发展中面临的一个个实际问题,同时,还需要综合理解这些现实问题与教育的关系。只有把握住教育与人类发展的整体关系，才能够理解学习型城市的建设；只有理解这种教育理论的变化，才有可能懂得学习型城市的本质和性质。

一、教育即发展，教育是发展过程的一部分

第二次世界大战以后，人类社会发生了许多新变化，特别是 20 世纪八九十年代以来，人类社会的变化更加巨大。这些变化主要是：

——民族独立运动兴起、国家统一等。教育成为民族解放的一种形式，是非殖民化过程的一个重要方面。

——经济飞速发展，更多青年男女直接参与到日益复杂的经济活动中。但大部分青年就业准备不足，因此教育与就业形成共生关系。

——世界人口以空前速度增长，人口迁移增加。

——公民对教育的要求不断增加。

而 20 世纪末期以来：

——技术高速发展。特别是生物技术、电子与信息技术等快速发展，已经渗透到人们工作和生活的每一个方面。

——全球化趋势加快。人力、物力、财力在全球范围内快速流动，使人类社会成为地球村。

——生态持续急剧恶化，对人类生存产生亘古未有的挑战。

由于上述变化，人群与人群之间、社会与社会之间、国家与国家之间、地区与地区之间的差距日益扩大，导致冲突乃至战争不断出现。

此外，第二次世界大战以后，大量民众进入学校。随之而来的，他们把各种各样的社会问题也带入了教育系统。教育需要面对的是繁重的社会责任和数量巨大的群体，这与过去时代赋予教育的任务是完全不同的。这些新任务主要是：

——入学人数剧增。

——部分国家成人比例超过青年人，需要终身学习。

——农村的特殊教育需求巨大。

——教育开支庞大。

——移民教育问题突出。

——计划生育及营养问题。

——价值观念更新。

——传播科学技术知识，培养利用知识的能力、使用科学的方法、对待科学技术的态度。

大众参与的时代，只有所有人都学会有责任地生活，实现公民参与的社会治理，才有助于缓解当前危机。这是教育和终身学习当前的必需职能，依靠精英、依靠管理者已经无法管理社会。

人类社会面临的上述新变化和挑战所产生的压力成为教育的源泉，同时也给教育带来压力和挑战。由于这些问题实实在在摆在个人或家庭面前，出现在日常生活中，所以当人们不会解决这些问题时，人们便产生了困惑和压力。满足学习者和社会各个部门的这种期望，已经成为与社会方方面面利益攸关的艰巨任务。

基于以上的时代变化对教育的要求，教育理论发生了根本转变。这就是：

——教育是指为大众，并满足他们参与发展的需求而组织起来的学习活动。目的是提高他们的文化素质水平，使他们认识到必须肩负自己的未来。

——教育属于发展范围之内，不是促进发展的工具或手段，而是发展本身。教育通过发展项目逐渐丰富和发展，教育活动应为本地或本社区的发展做出贡献，从而促进各地均衡发展。

——教育是发展的推动力，又是发展的反映。它因局部环境的不同而呈现出不同的变化，这些多种多样的、没有体系的、分离状态的"教育"，形成了各地独具特色的文化。

——让有着各种经历的成人进入学校担任教师或学生，限制青年在学校的时间，从而缓和教育与其他社会生活领域分离的矛盾，减少或消除教育专门机构与社会生活分离引起的问题。

最终，教育与发展融为一体，教育或学习成为发展的内容和组成部分。

因此，在当前发展观念中，教育不再作为独立于社会发展之外的部分，而是作为社会发展的一部分发挥着自己的作用，或者说，接受教育本身就是通过教育中的实践，使受教育者直接参与到社会发展之中。

从而，传统发展模式下的社会问题，诸如性别歧视，贫困问题，失业问题，不同人群、地区的收入差距的扩大，环境污染，参与社会治理等，在发展模式中已经成为教育所需要解决的重要问题。

二、人是在参与中学习，从而获得发展的

教育本身不能单独克服社会的邪恶，它应该努力提供和承认多样化的学习教育途径，帮助每一个人发展自己的能力，通过提升人们的生活质量，促进社会流动和社会地位的提升，从而促进人的发展和社会发展。

这里有几方面的意思：

其一，1972 年联合国教科文组织发布的《学会生存》提出，教育的概念包括正规教育、非正规教育和非正式教育（或称"随时随地的教育"）。它承认除了学校的书本学习之外，实践学习、做中学都对人的发展起到重要作用。

其二，对于青年人、成年人而言，通过社会生活、家庭生活、生产和工作等活动积累的经验、获得的提高都是教育和学习，都对人的发展起到作用。这也是承认学习和发展的重要途径。

其三，实施"非正规非正式学习认证机制"。就是将在发展过程中所获得的学习予以承认，并把这种承认、认证的过程制度化。

众所周知的"参与式发展计划"就是一种兼容学习教育和发展的活动计划。它基于实现目标和最终目的，对目标群体进行赋权，增强其能力、知识及实践经验，使其在发展进程中发挥更大作用。教育是一个自助的过程，始于找出并表达需求，通过共同制订计划和实施计划，最终评估自身需求是否得到满足。其方向是加强大众的责任和自我管理，从而使教育的内容、途径和教师作用发生重大变化。有人将它归结为"做——学——教"模式。

人民群众直接参与发展过程和彼此积极合作所发挥的作用更是极端重要的。通过群体和集体生活、集体协作、共同工作，人们关系愈加密切，提高了自身的尊严。

实践学习、在参与发展中学习，转变了学校学习中的教育和发展"两张皮"的状况，把教育学习、发展的机会和生产、生活、发表意见等权利结合在一起，实现双赢。这对于缺少学校教育机会、没有升学机会、学校学习受挫等群体来说，更加具有意义，他们通过另类渠道获得发展，避免落入社会底层、引发社会矛盾。

只有当所有人都掌握足够的知识、技能和经验，并能有效地行使自己的权

利、把握可能的机会,他们才能承担实现自身发展的责任,也才能真正为人类文明发展活动做出贡献,并从中得到自己应该得到的利益。

三、教育活动没有相对独立性

教育进入大众化时代,社会不同群体普遍进入教育,也就将各种各样的社会问题带入了教育。因此教育的一切方面都体现着发展的原则,从大的方面说,教育的政策、原则、培养目标、方向、学校的设立与选址等反映了发展的原则;而就小的方面看,教育的过程包括内容、方法、途径、教材、过程、考试等,也都反映了发展的原则。

因此,并不存在一种完全独立于社会之外的"纯教育活动"。教育研究者如果不懂自己研究领域的社会背景,就无法对教育做出准确的判断,也难以得出准确的科学结论。教育管理和实践者如果不了解学习者的社会背景,也很难采取有针对性的措施,使所有学习者获得有质量的学习。

因此,在当今时代,一切社会活动都是学习活动。

四、21 世纪的终身学习

鉴于上述时代变化,教育与发展、教育与人的发展关系的巨大变化,教育肩负了比以往任何时候都更加繁重的任务,因此终身教育成为各国,不论发达国家,还是发展中国家,制定教育政策的主导思想。

终身教育不只是将原有传统的学校教育制度向更多人开放,使更多人更长时间逗留在学校中,终身学习原则颠覆了传统学校教育为主、学校越封闭越脱离社会越好、书本读得越多越好等传统观念,从实质上打破了原有的体系和制度,进行了革命性的变革。这就是:

第一,为所有人的教育——从教育到学习,其定义更加广泛。学习是人类最自然的本能。在一个瞬息万变的世界,我们每个人都要保持适应性、灵活性以及变通性,学习成为一个社会的完整过程。工业社会所形成的培训、继续教育和更新员工知识需求的方式,进入 21 世纪已经远远不够了,"学习"已经超出了这个范围。学习社会四个支柱"学会做事、学会做人、学会求知、学会共处"是21 世纪终身学习的原则,它是以所有人为教育对象的,是针对他们的生活需求的,这就不仅仅是物质化的社会,而是特别扩展和关注到个人和社会的精神生

活。诸如：改善贫困人口经济状况；关注公民除了工作的满足感之外的其他生活需求；认识不正当竞争；私生活的厌倦和挫折导致对镇静剂、心理医生、性、酒精以及毒品的依赖，及由此导致的犯罪上升；社会道德；权威的尊严等。这是除了城市的物质坐标之外，重振城市精神坐标的方式。通过终身学习，城市将成为一个真正繁荣的城市。

第二，学习者的自主性和主动性——学习主要来自学习者的内在需求，而不是来自外部教育或考试小组的要求。成功的学习应该与人们自身需求和发展密切联系，应该与自身所处环境相协调，应该明显针对目标以及高标准。

针对不同学习者的学习方式，如喜欢做中学的行动主义者、喜欢效仿别人的效仿主义者、喜欢钻研理论的理论主义者、行动前向有经验者学习现成的方法和技术的实用主义者等，激发学习者的学习动机。

学习者为中心的学习，不仅包括各种传递形式和既定课程。教师不再是信息和知识的唯一源泉，从积极学习角度考虑，教师逐渐转变为所有可支配的重要教育资源和人类资源的组织管理者，教师扮演的是专家、父母、祖父母、学监、教练和指导者的管理者角色。

第三，学会学习，学会生活——刺激需求，形成学习文化。这要求一种多层次、多线索的方法，特别要针对那些不太相信学习或受到先前学习经验伤害、很长时间脱离后再次接触并感觉生疏的学习者，利用个人学习需求测评和个人学习行动计划来帮助他们。

学习是为了获得一种存在，它是一种自我意志的表现，是一种对创造技能、发现知识、满足个体好奇心的自我促进的过程。

第四，社会作为一种学习资源——终身学习包括正规、非正规和随时随地的学习。并不是所有的学习活动都是在教育机构中开展的，城市是学习者的资源，学习者也是城市的资源。把整个城市当作一种学习环境，学习在城市的各个领域开展，资源也蕴藏在教师群体以外的各类人群中和教育机构以外的各类机构中。

第五，随时随地提供学习机会——特别是要为那些曾经在学校遭遇不快经历的潜在学习者，提供学校以外的、更加便捷的、多样化的学习场所、学习内容和学习方式，以及支持系统。其他社会机构如图书馆、酒吧、工厂、公园、足球场等也可提供学习计划供人们选择。此外还有媒体，优秀的媒体鼓励读者在分析信息的过程中进行思考,逐渐把人们的欣赏品味提高到深刻、合理、积极、有创意的新闻上。

第六,支持人们一生的学习——这里指的是正规或非正规的支持、指导和咨询体系。这不仅使有困难的学习者获益,而且使所有学习者受益。内容包括学习指导、社区顾问、心理辅导等,以便消除所有学习者从动机到方法的一系列困惑。指导必须具有针对性,要把问题发现在萌芽状态,并提供补救措施。

第二次学习机会也是一种学习支持,它为那些没有能够达到基本文化要求的人提供学习支持。

家庭也是强大的学习支持机构。家庭学习活动、家庭活动的展示、政府的相关项目支持、媒体的宣传都是学习支持的组成部分。

第七,终身学习的社会评价——当前许多学校的评价是把失败也包括进来。在终身学习理念中,评价是要确认进步而不是彰显失败,能力、价值观、合作被认为与获得知识同等重要。加德纳的多元智能理论激发了人们衡量学习效果的再检查,终身学习环境中没有失败,只有传递继续学习的理念,支持和帮助人们提高在学习环境中的自尊和信心。现在有越来越多的测试只是用来使人们发现自己处于学习曲线中的哪一点上。此外,学习者还应获得评价过程的自主权,并把学习结果看作继续学习的机会,由此竞争者就变成了学习者。终身学习就是要通过长时间的努力,使人们放弃标准化导向的观念,战胜文凭社会。

第八,课程中的技能、价值观、态度和知识——学习的任务在于创造更具识别能力的公民,这需要与未来生活联系起来,培养公民的长期技巧和能力,使其进行饶有兴趣的学习。

教育的关注点已从学科知识迅速转移到技能上,包括管理技能、处理与理解信息的能力、在实践中运用新知识的能力、学会学习的能力、质疑推理及进行批判性判断的能力、管理与沟通技巧、思考技巧与创造力、适应性、灵活性、适应能力、团队协作和终身学习能力。

21 世纪要求人们对包括从生物婴儿到单一货币在内的科学、技术、环境和金融等各领域发生的事件进行价值判断,教育机构提供的课程应培养洞察力和直觉、自尊和自信,帮助个体通过眼前证据判断应接受什么、拒绝什么,区分优劣。培养崇高理念、平等对待整个人类、共同管理地球是人类的共同义务,是理解其他信仰、文化、种族和民族的基础和权利。

课程必须在日常生活中的社会、文化、技术受到挑战、发生变化时,做出本土式的回应,并得到大家的认可。要培养适应能力,使学习者能够应对家庭、社区和文化的改变所带来的复杂环境。

要将参与解决社区问题纳入到学习活动中,学习者应参与到社区发展进程中并发挥作用。要把学习者培养成积极公民,在当地治理中发挥完整、活跃的角色作用。

第九,创造学习环境——这里指的是社区作为整体为更多人创造学习条件,社会各个部门都有责任解决群众因远离学习机会而带来的各种问题。基层政府、高等教育机构、中小学和工商企业,以及志愿组织、非政府组织、专业学会、特殊利益团体、各种俱乐部、医院、个人和卫生、社会服务、金融、法律等各个部门都能够对终身学习发挥作用。

合作关系是学习活动的必要部分,为学习过程注入活力。合作的精髓在于在多方沟通中阐述和辩论各自的角色,资源共享、传播思想与经验、提供和获取技巧和知识。跨年龄学习也是创建学习环境的重要表现。

第十,培养合格公民——终身学习具有双重属性,它源于个人,为了个人。因此,积极贡献无疑成为终身学习的一个关键指标。鼓励并训练人们更积极地参与现代公共生活的各个领域,特别是社会各层面的社交和政治生活。促进民众积极参与当地治理,提高社会成员的权利和责任意识,鼓励社会团结和当地社区中的跨代学习,分享年长者的经验,保护当地环境与文化遗产作为终身学习的组成部分。

支持每一位公民的志愿服务。所有人都有权利通过个人或集体行动为他人和社区贡献自己的时间、才干和精力,其中包括提供帮助、支持和培训。此外各种各样的学习、文化节,使公众既发挥了积极的作用又体验了学习的乐趣。

第十一,激活学习——互联网是一种非常便捷的学习资源。计算机房、网吧遍布城乡,它为各城市中无法通过主流教育渠道学习的人提供了方便的学习场所;如为无法走出家庭的残疾人提供培训,满足他们工作和娱乐的需要;在工商业里,它保证了科学家、工程师和管理者能够与时俱进;在大学里,它加强学生之间、教师之间和国际间的联系;在成人学院中,可以通过它分享远程教育课程;在其他领域,互联网业发挥着很大作用,使人们主动改变自己,适应新学习方式,并享受在家、在办公室或任何地方自主学习。同时,面对面的传统学习方式仍然是许多人的选择。

此外,还要有为更广泛的受众发展联系的学习途径,如将有意义的社区服务和学术学习课程、个人成长和公民责任联系起来。人们在解决实际问题的过程中,领悟知识、技巧和公民责任的价值。公共教育服务也在转变角色,文化服务机构、博物馆、艺术馆和图书馆都在调整自己的服务。图书管理员和博物馆的人员努力把自己的专业知识与公众的学习结合起来,博物馆不再是塞满文物的玻璃柜和干燥、多尘的储藏室,它们已经成为专业知识教育组织和积极学习的场所,并已经成为学习型城市的组成部分。

在以上这些理论和原则的基础上,我们才有可能认识和理解学习型城市建设,理解城市本身就是教育的源泉,城市中发生的事务是学习型城市建设的源泉。

第二节　学习型城市概念的提出

学习型城市并不是一个新概念,早在 2500 多年前的古希腊就有了学习型城市的概念,但直到 20 世纪末期,学习型城市还没有实现。

一、学习型城市概念的性质

全球经济变化速度越来越快,知识更新的速度也越来越快,因此,持续学习和适应快速变化的能力越来越成为公司、区域和国家创新的决定因素。学习型城市必须建立在终身学习的原则之上。

现代学习型城市概念来源于"学习社会"的概念。联合国教科文组织 1972 年《学会生存》和 1996 年《学习——财富蕴藏其中》两份报告都使用了"学习社会"的概念,并要求各成员国据此改造本国的教育结构。学习型城市的概念并不是一个孤立的概念,而是终身学习概念的具体体现,是学习社会、学习区域、学习型城市、学习社区和学习组织概念系列的组成部分,这些概念之间相辅相依。

国家,从根本上说是所有地区、所有城市和所有社区的总和。所以,一个国家的学习型城市只能是一省一省、一市一市和一个社区一个社区地去建设。

基层的学习网络在回应快速变化上更加灵敏,更加能够提供有针对性的教育和培训以及学习的机会。同时,基层的利益相关者期盼学习能够离家更近,而且与当地情形更加贴近。总之,学习型城市的概念不是一个孤立的概念或者行动。

二、学习型城市发展历程

许多学者都对学习型城市的发展历程提出了自己的观点,其中比较权威的是诺曼·朗沃斯的观点,他将学习型城市发展分为六个时期,这就是:

1. 古典时期

可远溯到公元前1500年前,雅典是世界第一座学习型城市。公元元年埃及建立了亚历山大图书馆;8世纪到13世纪,伊斯兰地区学习型城市获得发展,如大马士革、开罗、的黎波里和耶路撒冷等,也都建立了图书馆。

2. 萌芽时期

1990年经济合作与发展组织推动教育城市发展,期望各城市对推动终身教育工作负起责任。

3. 实验时期

欧盟执委会为积极推动学习型城市的理念与实践,于1996年至2000年资助欧洲终身学习创新协会(ELLI)建立了《迈向欧洲学习社会》的学习型城市推动计划,也正是在这一计划中,诺尔曼·朗沃斯提出了学习型城市的定义:

一个城市、乡镇或地区,除了法定义务提供的教育和培训需要之外,还要创造一个充满生气、参与分担、有人文意识和经济上具有活力的人类环境,通过规定条文、正当理由和积极推广学习机会以激发所有市民的潜力。

学习型城市认识到学习发挥着促进城市繁荣、社会安定和个人实现的关键作用。通过动员人力、物力和财力资源,扩展市民的学习机会,提升市民的潜力以能够积极应对社会变迁。

这项定义彻底改变了欧洲传统教育训练的思维,转变为以终身学习的理念促进城市社会资本的发展。

4. 扩展时期

学习型城市在欧洲及其他地区推动。

5. 理解时期

是对学习型城市持更加宽泛的观点,不再只是以经济或成人教育的观点,更重要的是要刺激学习区域的发展。

6. 巩固时期

是将学习型城市作为回应各城市面临的各种挑战的一个途径,涵盖社会、经济、环境、文化以及治理等六个层面的城市政策。

三、联合国教科文组织的贡献

现代学习型城市的概念源自"学习社会"的提出。1972 年,《学会生存》的报告最先提出了"学习社会"的概念,并要求联合国教科文组织各成员国重新构建本国的教育结构——其原则是:①所有机构都应成为教育的提供者;②所有公民都参与学习,都充分利用学习社会提供的机会。

1996 年联合国教科文组织《学习—财富蕴藏其中》的报告进一步阐释了贯穿生命的学习的概念,而且将这种概念视为进入 21 世纪的钥匙:"它超越了传统的初始教育和继续教育之间的区别",它将终身学习与学习型城市连接起来,学习型城市将每一件事都与提供学习机会、充分实现个人潜能联系起来。

在强调终身学习、学习社会概念的同时,它们强调了多样化的学习氛围和环境,把学习与人类面临的经济、社会、文化和环境的挑战紧密联系在一起。

联合国教科文组织的两份报告都重申了终身学习的价值在于:教育或学习不再局限于生命的某一段落,而是从摇篮到坟墓的全过程;而且学习不再局限于学校,而是延伸到家庭、社区、工作场所和其他生活经验中,从而使人们能够获得多样化技能,并生成一种环境指向学习型城市。

因此在学习型城市中,家庭、企业和商业、志愿组织的合作,以及全体人民积极参与文化生活都是必需的。为了使终身学习成为现实,必须建设学习社会,将学习的各个阶段、各种类型的学习和各种场所的学习连接在一起,包含在一起。

什么是学习型城市?根据联合国教科文组织终身学习研究所(UNESCO Institute for Lifelong Learning,UIL)的研究,总的来说,学习型城市就是"促进所有人的终身学习"。

可以定义为:

——在所有部门有效动员其资源,以促进从基本教育到高等教育的全纳性

学习。

——重振家庭学习和社区学习。

——促进为工作的学习和在工作场所的学习。

——推广利用现代学习技术。

——提高学习质量,精益求精。

——在生活过程中培育学习文化。

如此,才能促进个人的赋权、社会包容、经济发展和文化繁荣以及可持续发展。

四、经济合作与发展组织的作用

初始阶段,只是把城市看作一个学习空间。1990 年在西班牙巴塞罗那召开了第一次教育城市国际会议,将目光聚焦在改善巴塞罗那市民的生活质量上。

经济合作与发展组织(OECD)在 20 世纪 90 年代也先后在其报告中提出和使用"学习型城市"的概念。

1993 年经济合作与发展组织发表《城市终身学习的策略》的报告。在此后一段时间内,学习型城市的四个主要方面逐渐形成。这就是:

——权威机构为城市或地区的居民提供学习机会或学习网络,以满足个人或群体的学习需求。这些学习需求是多样的,可以包括关于环境、历史、文化的需求,以及健康生活方式和饮食的学习需求。

——学习共同体是一个城市、乡镇或地区超越现有责任,为有需要的人提供教育和培训。通过提供和积极发展学习机会,创造充满活力的、参与的、有文化意识的、经济上活跃的人性化环境,激发所有市民的潜力。

——学习化地区是一个地理区域,可大可小。一个省、一个城市、一个村庄都可以,但都是将终身学习与经济、社会发展联系起来,从而参与到全球竞争中。

——学习型城市延伸,即与当地环境、健康、文化和幸福问题相连,并持续开展终身学习、社会、公正、平等和社区建设创新,这些都是学习型城市的传统领域。

1993 年该组织发表的报告《城市终身学习的策略》研究了其成员国的 7 个城市发展学习型城市的概念,这就是将教育置于改善经济状况政策和策略的最前沿,培育经济的可持续发展以及公民更好的生活。

1996 年经济合作与发展组织发表《全民终身学习》的报告。与上述联合国教科文组织的报告相同,强调了学习环境的多样性,将终身学习概念与经济、社会、文化和环境面临的挑战紧密联系在一起。

五、欧洲的作用

随着经济全球化进程的加快,城市深受全球化的影响和冲击,国与国之间、城市与城市之间的联系更加紧密与频繁,城市之间的竞争也更加激烈。在这样的背景下,欧洲城市开始积极推动学习型城市的建设。

1996 年注定是终身学习历史上值得纪念的一年,欧盟也将这一年设定为"欧洲终身学习年"。其目的在于使欧洲成为世界上最具竞争力和驱动力的知识经济社会,使经济能够可持续发展并能够提供更多和更好的工作机会,促进社会融合。欧盟不断强调终身学习,将区域作为终身学习的关键场所。

2008 年欧盟提出《欧洲终身学习指标体系》,制定了 36 个测量指标。

为了响应《里斯本议程》,欧盟更加强调终身学习,其中一个创举就是"区域终身学习项目(R3L)"。此外,一些国家如英国和德国,也开展了一些创造性的学习型城市计划。

六、东亚的学习型城市概念

对于东亚国家来说,学习型城市更是一种社会驱动力,而不似欧洲是一种经济动力。东亚国家主要针对的是日益增长的社会不稳定,而欧洲所谓的"知识社会"、个人能力开发的学习型城市政策,在东亚国家显得没有社会包容和社会重建那么迫切。

东亚学习型城市建设是建立在"社会关系模式"基础上的,侧重治愈和稳定社会问题并培育文化统一。大多数教育项目都是非职业性的,如最普遍的文化学习等,而其主要结果是社区自治和社会认同。

对东亚国家学习型城市的研究发现,他们又重塑了理解社会是如何以集体方式通过人的学习和教育的长处,实现自身的再生产的价值。这种儒家的传统,从一个新的维度理解东亚现象。儒家传统可以重新理解为是将现代经验与历史遗产连接在一起,在儒家传统中,学习特别被定义为社会工具——塑造社会结构和人民生活。学习从其性质上说,不仅是学习者个人的事情,而且也存在于学习所产生的社会模式和关系中。

七、其他

有学者认为,学习型城市的概念更是一种政治概念,强调的是可持续发展和积极的公民责任和义务。

还有学者认为,在文化的活力上,一个城市的形象可以比作一个活的有机体,城市就像身体的呼吸,学习是给城市带来活力的核心活动。涂尔干曾说,一个社会是由人的学习和社会化有力地维持的。假设城市是由人、活动和基础设施构成的,学习则是不可或缺的机制。城市因各种活动包括学习而充满生机,并由此产生变革和革新。

说到文化遗产,学习处于显要地位。因为文化是不能像建筑那样"建造"的,而是需要学习的。文化遗产包括人类在生活经历中所学到的理解及其在行为中的反映,城市需要的不仅是展览馆、图书馆和艺术中心,而是培育不断学习、了解和再学习的新生活方式。从这一点看,学习型城市就不是一个简单的工具,而更像是一个复杂的社会现象——等待进一步用科学的测量方法来研究。

总之,城市是一个人们不断学习的地方,一座城市就是一种"文明"的成果——这就意味着城市内在地被文明化了、学习了。城市生活可能就是通过字母、符号、抽象的规则和条例实现的,没有知识的生活是城市的一种基本问题,并证明其结果就是贫穷,没有文化,在城市生活是困难的。

当前,由于发展中国家城市化进程的迅猛发展,必须满足其市民的学习需求,学习型城市建设已经从发达国家向发展中国家扩散,已经成为一种世界性的现象。

第三节 城市面临巨大的挑战
——学习型城市提出的缘由

经济和技术高速发展带来城市表面的一片繁荣,然而,全世界所有的城市几乎都面临各种问题的挑战。这些问题包括不断增多的暴力事件、灭绝性种族屠杀、恐怖袭击事件等。此外，城市化、农村进入城市的大规模移民，环境问题，由此涉及的人权问题、不平等问题，伴随而来的社会碎片化，以及凝聚力的丧失和缺乏身份认同等，都导致对人类价值的空前破坏，也致使贫困持续、教育缺乏。

学习型城市建设的一个关键问题就是，学习型城市建设的策略在多大程度上能够作为一种工具来针对这些问题，从而建设一个包容的、可持续发展的城市，能够适应21世纪的社会。尽管世界各个地区面临的具体问题不同，但都正在这样做。

一般认为城市面临以下这些挑战：

——治理不善。

——腐败。

——贫困。

——饥饿。

——健康问题。

——社会不公。

——水资源短缺。

——卫生设施缺乏。

——性别不平等。

——失业。

——暴力冲突。

——生产消费的不可持续发展模式。

——环境恶化。

——气候变化及其对公共卫生、食品安全的负面影响，以及财富和生命的丧失等。

所有这些城市问题都需要通过终身学习得以缓解。

而具体来说，学习型城市建设的推动力是由偶然事件引发的。

例如在日本，20世纪80年代末期泡沫经济出现并已经扩大到服务业，终身学习的概念日益增强，社会开始寻求建立终身学习政策和法律。经济泡沫破裂后，日本进入漫长的经济衰退，历史的钟摆从强调自给自足转向强调社会融合。针对社会瓦解、个体孤立、失业上升、福利制度崩溃、环境恶化以及外籍工人问题,日本社会的重新整合成为顶尖的问题,期望终身学习能够发挥市民志愿参与重整破碎社会的新作用。具体来说,就是将传统的"公民馆"转变为与终身学习的新政策联系起来,将传统的社会教育管理结构再造成为通过社会成员积极参与激活的社区。

再如韩国的学习型城市是政府规划和社区实施。他们把学习型城市理解为:学习型城市是市、郡和区终身学习的一个支持系统。它是由教育和人力资源发展部 2001 年开发的。学习型城市意味着通过利用各种教育机构和各种随时随地的学习机会,提高个人和社区或团体的能力的综合性共同体营造项目。

1997 年亚洲金融危机消解了工会和劳动力市场的安全机制,但却增加了威胁社会稳定的失业。它打破了家庭、邻里、劳动力市场、社会阶层和代际的传统稳定性,社区和共同体处于危机之中。经济危机直接冲击了好不容易才大学毕业的青年人,同时老龄社会快速发展。失业的年长者没有技能与能力寻求工作或生活的第二次机会,他们从来没有接受过培训或教育以应对这些变化。这些都要求社会不仅要提供转岗的技能与知识,更为迫切和直接的是要修复人民受伤的自尊心,通过人文教育、文学和历史课程重塑无家可归的人们的信心,从而使他们重塑受伤的尊严。由于人们的不满大多在基层表达,因此,需要恢复地方自治和选举,而学习型城市项目对教育城市居民建立本地公民身份是非常有用的。学习型城市的建设就形成了中央规划和地方实施的模式。

首先是建立管理机构,管理和专业人员规划、实施和提供服务。学者提供需求评估、设计教育项目和建立社会网络的专业服务。

其次,最终目标是建立一种学习型城市的氛围,而不是设立一些分散的无关联的项目;是培育一种城市环境,即提供一种跨越整个社会学习生态系统的学习与参与相互交织在一起的环境,包括学习圈和学习网络,各种市民组织的相互联系等。

由于主要目标是"建立共同体",项目中的社会包容就大大超越了可就业性。学习型城市建设就成为政府促进地方创新和公民参与的工具,通过动员边缘化群体参与成人学习和社区活动实现社会包容。此外,"终身学习项目"和"区域人力资源开发项目"是有区别的:后者主要为提高可就业性;而前者则包含融合和包容的社会因素,包含社区和共同体重建,关爱危机受害者——这些都是学习型城市的项目内容。

学习型城市政策的一个直接结果就是通过终身学习中心、图书馆和艺术中心等公立机构提供的教育和学习项目大增。大多数项目不是为了提高就业技能和工作能力，而是提供文科内容、文化和体育方面的教育。

简言之，城市现在面临着挑战，首先就是飞快的变化速度。如果你不能不断学习掌握新技能，你可能就无法挂号看病，无法取款汇款，无法购物，无法叫出租车……由于人口的持续聚集，幽静的生活和绿色的环境将无处寻觅。

第四节　建设学习型城市的意义

终身学习是解决上述这些挑战的手段之一，而实际落实终身学习的措施即在建设学习型城市上。今天，全球半数以上的人口已经生活在城市，城市正处在促进终身学习作为解决上述挑战的强有力手段的关键位置上。然而，建设学习型城市不仅是市区的事情，城市化或城镇化是一种趋势，越来越多的人口将生活在城市、都市、城镇中。因此，学习型城市建设覆盖其影响所至的所有城市乡村的人口和组织，对各国未来发展具有极其重大的意义和作用。

为什么要建设学习型城市，总体来说就是"终身学习为可持续的社会、经济和环境发展奠定坚实的基础"，就是要动员城市充分有效地利用自身各方面的资源，开发所有人的潜力，培育个人的终身性成长，发展平等与社会公正，保持和谐的社会凝聚力，创造可持续的繁荣。

也就是说，向可持续发展转变是从公民行为转变开始的，必须使公民有权利、有能力、有机会预见和解决面临的不断变化的社会、环境和经济挑战。而终身学习就是使公民获得权利、机会和能力的一个重要途径。这就需要为公民提供广泛的学习机会，促进他们掌握可持续发展所需要的技能、能力和态度。而城市具备了动员和为公民提供学习机会的设施和潜力，但是一切必须在基层实施。

主要体现在以下方面：

第一，学习型城市有助于培育市民可持续发展未来所需的态度、技能、价值观和知识。联合国《2030 可持续发展议程》的目标中明确规定了终身学习作为发展的目标与途径。该议程明确提出：培育全球公民和共担责任的道德。

"目标4. 确保包容性和公平的优质教育，促进全民享有终身学习机会。"

"目标11. 建设包容、安全、有风险抵御能力和可持续的城市及人类住区。"

第二,终身学习成为全球城市社会、经济和环境可持续发展的驱动力。教育、终身学习和全世界所有城市的公民在实现可持续发展的三大领域即社会、经济和环境方面都起到关键作用。

第三,学习型城市概念是要把孤立的互不相连的各种利益相关者连接在一起的途径之一。它要促进城市归属感,尊重不同文化,促进市民间、邻里间的相互联系,互惠互利互助。

第四,提高市民的能力,使他们的潜力得到充分发展;提高社会凝聚力、团结和平等;促进经济增长和文化繁荣;促进健康和幸福;保护环境。

由于城市已经建立了为公民参与终身学习所需要的各种设施与服务,当今的动态、跨文化和创新型城市,处在一个强有力的地位上,能够将发展终身学习作为应对发展挑战的一种手段。

第五节　建设学习型城市

学习型城市建设归根结底是要落实在具体行动上。这些具体行动是根据一系列原则、计划来开展的。目前,经过两次全球性学习型城市大会,在联合国教科文组织的组织和倡导下,一些关键性的文件已经形成。主要是:

1. 学习型城市的主要特征

这些主要特征是一个行动要点的完整清单,有助于城市政府和其他利益相关者努力建设学习型城市,以促进全民终身学习。

联合国教科文组织各成员国可以利用这些特征作为参考文件,促进学习型地区、学习型城市和学习型社区的发展。

学习型城市的主要特征:

(1)一个学习型城市能动员和运用各个环节的资源。

(2)全面提高从基础教育到高等教育的入学率。

(3)活跃家庭和社区学习氛围。

(4)促进职业培训和工作场所的学习。

(5)扩展现代学习技术的应用。

(6)改善并优化学习质量。

(7)创造充满活力的终身学习文化。

并通过这些措施,提升个体能力,促进社会和谐,促进经济发展,繁荣城市文化,实现可持续发展。

2. 行动纲领

根据上述学习型城市主要特征,联合国教科文组织还制定和发布了《学习型城市建设行动纲领》。这一行动纲领不是一个纯理论的框架,而是经过来自联合国教科文组织各地区的专业人员的深入讨论并分析总结了12个学习型城市的案例之后形成的。制定这一行动纲领的目的在于:提供一个建设动态和可持续学习型城市的方法路径。纲领共包括六个方面的行动建议,涉及学习型城市建设过程的每一阶段。概述如下:

(1)制定建设学习型城市的规划。主要包括:确定城市面临的挑战和重要问题作为需求;已开展的针对性活动;制定具体行动计划。

(2)创建包括所有利益相关者参与的协调机制。包括:包含各方代表的学习型城市委员会,并对发展、实施、监测和经费的原则达成一致意见;明确各方的具体作用和责任;创建论坛;与其他城市结成联盟;与政府相关各部门保持紧密联系。

(3)以庆祝活动启动和保持建设过程。举办相关组织展示自己的课程、成果和学习材料并提供实践活动供市民参与的学习节;召开大会;邀请媒体报道;组织常规庆祝活动,不断激发利益相关者的兴趣。

(4)确保所有公民都可以获得学习机会。主要内容:为所有公民提供充足的信息、指导和支持;建立和发展社区学习空间,为家庭和社区提供学习资源;确定并对公民学习需求和兴趣做出反应;承认、评估和认证非正规学习结果;对移民家庭、特殊学习需求者和失业者给予灵活安排;帮助公立私立组织成为学习型组织;培育学习者友好型环境。

(5)建立监测和评估机制,确保学习型城市不断发展。主要内容:制定实施方案和发展措施;记录过程、测评兴趣与需求并搜集数据;发布经验和建议的常规报告;告知所有利益相关者并搜集反馈意见。

(6)确保可持续的经费。主要内容:可持续的成本共担机制;有效利用所有各方的学习资源;实施成本—收益分析;为边缘群体提供特殊帮助。

世界各国特别是联合国教科文组织各成员国都将根据本国的情形,根据这些原则性文件,开始建设本国的学习型城市。

第六节　学习型城市的测量与评估

建设学习型城市不是一种抽象理论,它涵盖了实施全民终身学习的可操作的和实用的途径。这是一个持续的过程,不可能一蹴而就,因此需要一种机制。这就需要一种测量和监测其进展的指标体系,这些年来也有一些研究成果出现。

学习型城市的建设必须以市民及其生活的社区为基础,以市民参与学习为基调,以便利的和容易得到的学习材料为工具,在学习资源整合的网络中逐渐形成城市的学习氛围与文化,最终是以学习型城市使市民具备适应社会变迁的能力,能够解决生活中的困难为目标。

在学习型城市建设过程中,基准测量的进步是一个重要因素。它不仅能够使城市评估自身优缺点,还能够使各城市间和各城市内对照从而改善学习环境和条件。因此,基准测量是一个潜在的驱动工具,激发进一步的发展。

学习型城市指标是一套客观、可用来评估学习型城市发展程度及效果的指标。通过科学化的资料搜集,并通过事实显示学习型城市的发展状况与程度。当前学习型城市指标分为研究指标和实践指标,后者指已被社会采用的指标。

以下呈现的是世界最早制定的学习型城市指标体系——加拿大的学习型城市指标;区域性的学习型城市指标:欧盟学习型城市的指标;我国台湾学者研制的学习型城市指标。

1. 加拿大的学习指标

这一指标体系是以《学习——财富蕴藏其中》的终身学习概念框架为基础而制定的,该报告将终身学习归为四大支柱,其选择的统计指标是要最佳反映出四个支柱覆盖的整个学习领域,2010 年共包含 17 个指标和 26 个专门测评。分值较高者意味着该城市、城镇或农村社区具有培育社会和经济幸福的学习环境,分值低则意味着在终身学习的关键方面表现较差,但这并没有"胜出者"和"失败者"的区分,只是为人们理解本单位本社区终身学习的状况,从而鼓励人们通过具体方法改善状况。如下图。

测评9 ← 学会认知5
测评4 ← 学会做事3
测评6 ← 学会共处4
测评7 ← 学会做人5

学习指标 → 社会和经济指标标

学习与幸福之间的关系

社会成果5 → 社会和经济指标标
经济成果2 → 社会和经济指标标

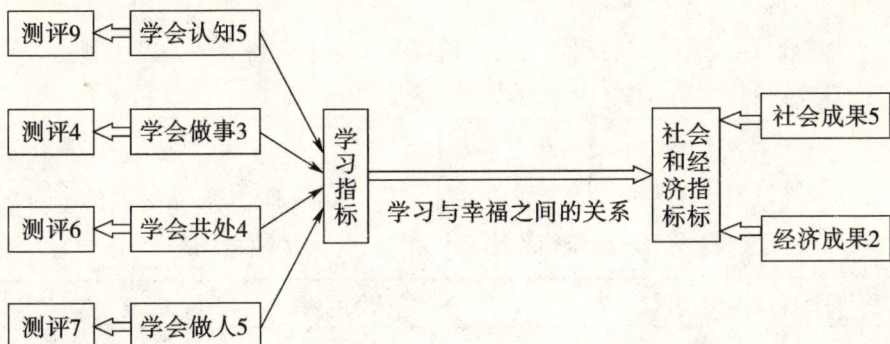

2. 欧洲的终身学习指标体系

欧盟的学习型城市指标体系最初由诺曼·朗沃斯于 2006 年提出,此后大多数学者均以此为依据。欧盟学习型城市的 10 项指标如下:

(1)学习型城市的承诺:城市已开始推进学习型社区计划与措施的落实,想法已转化为行动。

(2)伙伴关系与资源:鼓励和促进城市各部门有效合作,包括学校、学院、大学、企业与行业专业学会、特殊利益团体、地方政府及其他组织,包括人力物力资源共享、知识创新与运用。

(3)社会包容:规划和措施涵盖残疾人、失业者、少数民族、妇女以及学习障碍者。

(4)创造财富、就业与就业力:制定完善的促进经济发展与就业的规划,使市民能够终身获得技能、知识与能力,促进他们的就业,应与社区、企业、研究和财政等因素联系在一起。

(5)领导力发展:有效培养终身学习领导者,包括社区领导课程、专题管理、城市管理、组织整合等。

(6)动员市民参与与个人发展:鼓励与促进每个人的贡献,包括搜集、使用人们的知识、技能与能力,并激励他们在实践中运用,促进社区发展。

(7)学习活动与家庭参与:在市民以及家庭中,提高学习的公信力、吸引力、透明度与发生率,具体包括学习节、学习活动、学习认可与奖励、家庭学习策略等。

(8)信息传播:将终身学习的理念与计划传播给相关的负责推动者和市民,包括课程发展、教师培训、学习中心、媒体、学习信息的收集等。

(9)科技与网络:创新信息传播技术的运用,以促进各社会团体、组织以及社区之间的联系。

（10）环境与公民权利：制定所有年龄层公民能够获得有关公民权利的内涵以及如何参与的计划方案。

3. 我国台湾苏静娟构建的学习指标体系

苏静娟以调查问卷的方式，利用阶层分析，针对指标中各指标间的相对权重，加以分析，构建成学习型城市发展程度指标，分为 7 项指标和 56 项内容：

指标构成	指标内容
终身学习政策	● 建立学习型城市愿景 ● 制订学习型城市发展政策 ● 制订学习型城市短中长期计划 ● 设立专门执行组织 ● 发展各类学习型组织 ● 制订推广发展绩效评估机制 ● 建构终身学习认证制度 ● 为弱势群体提供学习辅导及补助 ● 建设终身学习机构 ● 推行学习活动奖励制度 ● 编列城市终身学习的专项经费 ● 推进城市内各终身学习机构互相观摩活动 ● 推动学习型家庭方案及奖励措施
终身学习资源	● 城市内终身学习机制提供的学习机会的分布情况 ● 城市内各机构投入终身学习资源的比例 ● 城市内各机构投入终身学习的专业人力比例 ● 城市内各终身学习机构建立的策略联盟的机制 ● 构建城市终身学习提供的各类课程的连接及平台 ● 构建终身学习机构知识分享的网络平台 ● 整合发展城市内终身学习机构数字学习资源 ● 城市内终身学习机构提供远距离教学课程的比例 ● 城市内终身学习机构提供的数字学习的课程数量

（续表）

指标构成	指标内容
学习的领导	• 城市各区域学习领导者对学习型城市愿景、计划的参与程度 • 建立推动学习型城市的终身学习师资人才库 • 推动学习型城市的专职人员培育计划的经费比例 • 提供城市内各区域学习领导者研究进修机会 • 举办城市内终身学习师资培训的计划与数目 • 设立城市各区域学习领导者的互动联系平台
学习科技	• 建立学习信息网络基础设施 • 市民运用各种学习技术参与数字学习的频率 • 市民使用学习信息的熟悉程度 • 建立市民参与网络学习知识群体的分布情形 • 运用各种学习技术拓展终身学习渠道
市民参与	• 市民的学习需求调查 • 市民终身学习现状调查 • 查询检索相关学习活动人次 • 市民参与终身学习活动的参与率 • 市民参与读书会活动的比例 • 市民咨询终身学习服务的类型 • 对市民学习意见反映的处理比例 • 市民参与网络学习文化程度的状况
学习信息	• 运用科技手段传递终身学习理念与知识 • 针对不同群体、不同年龄，设计不同的学习信息获取渠道 • 市民知道并运用各种学习渠道的程度 • 建立城市终身学习信息推广网络 • 编印学习信息活页 • 培训社区骨干教师 • 为有特殊需求的学习者提供适合他们需求的特殊学习信息 • 定期举办终身学习博览会或终身学习活动周

（续表）

指标构成	指标内容
学习环境	● 独立或与其他机构合作建立学习资讯与支持服务中心 ● 建立邻里学习圈,配合节庆举办终身学习活动和集市 ● 城市开放公共空间为学习空间,举办终身学习活动竞赛 ● 提高亲子终身学习活动的参与比例,组织终身学习机构推动读书会组织

第七节 不同城市的不同策略

不同国家面临不同的挑战,不同城市具有不同的教育条件和基础,因此,不同城市会各自选择不同的策略和路径建设学习型城市。

1. 韩国南阳郡的终身学习制度

韩国南阳郡面临的最大挑战是城乡生活——如生活标准、教育、文化、信息等的不平等。通过学习型城市建设,培育当地能力,改善城市竞争力,繁荣社区,参与文化,提高所有人的生活水平。

他们主要采取以下做法:

(1)1–2–3终身学习基础设施。最近的学习室不超过10分钟路程,不超过20分钟路程的社区中心,不超过30分钟的图书馆。

(2)建立100个学习乡村,鼓励居民间交流,重塑社区归属感,培育当地创业精神。

(3)为当地人才建立学术团体。

(4)支持学习俱乐部,促进终身学习文化的形成。资助各行业为这些学习俱乐部设计和制作学习材料。

(5)建立社会网络。允许家长组合在一起支持儿童教育。

(6)为弱势群体创造学习机会。

(7)创建终身学习场所,提供在线和非在线学习咨询。

2. 爱尔兰科克市的终身学习节

爱尔兰科克市的终身学习节,吸引了城市内外人们的眼球,在实施全民终身学习愿景中起到重要作用。每年的终身学习节,都覆盖了人们普遍感兴趣的领域,如健康、社会包容、环境和经济发展。所有利益相关者都承诺,确保科克市建设成为可持续的学习型城市。其中所有活动都是免费的,这反映了所有参与者的意愿——共同分享他们参与各种形式活动的激情。在一周的节日期间,各组织和个体充分展现他们的活动,而所有这些活动都是在一年中持续开展的。

3. 中国上海市的老年睦邻点

中国社会正面临严峻的老龄化的挑战。由于年轻一代离家外出寻求更好的发展机会,中国城乡出现了大量的"空巢老人家庭",上海市有关街道针对这一现象,建立"老年睦邻点"。该计划采取自愿报名的方法,征集愿意提供活动场所的空巢老人家庭。街道为参与活动的每个老人购买意外伤害保险,并提供水电费补助。每一项目点吸收邻近的空巢老人几名到十几名,项目点的老人自由组合,形成了不同的组合形式,如少数民族组、知识分子组等。每个小组自己商定活动时间和内容,活动内容包括春游、摄影、手工制作、过生日、讨论时事、文艺活动等。这一形式使过去互不相识的老年人熟悉起来,建立了相互间的联系,平日间相互问候,互通信息,丰富了老年人的生活,也使老年人与社区建立了联系,及时获取信息。这是一种符合中国国情的终身学习形式,有助于将问题解决在社区中。

4. 巴西的索罗卡巴市

巴西的索罗卡巴市的主要做法是:①所有利益相关者参与学习型城市开发,在所有市民中形成学习型城市主人翁的精神;②特别重要的是,使过去受社会排斥的年轻人和市民在创新型学习型城市建设中扮演积极角色;③投资于终身学习项目,使终身学习成为市民日常生活的组成部分;④确保所有政府部门——环境部门、社会发展部门、教育部门、经济发展和就业部门、体育和文化部门——都对学习型城市建设做贡献;⑤鼓励公私部门合作为市民提供学习机会。

5. 中国台湾台北市图书馆

台北市立图书馆共有 42 个分馆,11 个群众阅览室,4 个智慧型图书馆和一个 24 小时自助借还书工作站,626 万余册的藏书及网站中丰富的数字学习资源。

这些图书馆在学习型城市建设中的主要作用是：

①信息搜集与管理；②通过编制《台北市成人教育资源手册》和《台北市终身学习资源手册》，以及招募培训和使用志愿者提高群众参与相关活动的积极性；③通过动员和利用社会资源开展活动，并与各级各类学校以及社会教育机构合作建立学习网络；④配合信息技术的发展，开发多元创新智慧型服务与渠道（机场图书馆、24小时图书馆、节能展示馆、玩具图书馆等）；⑤资源整合，争取资助以及举办政府活动；⑥提供设备与场地，强化群众自我导向学习以及举办阅读推广活动；⑦拟定中期活动计划；⑧开展学习需求调查，制定新移民学习方案，建立多元文化资料中心，提供无障碍学习资源，加强老龄人口学习服务。

总之，根据以上理论原则，当前各城市应采取的行动是：支持青年参与到学习型城市的建设中；私立机构应重视终身学习，把终身学习作为企业教育责任的组成部分；公民组织应提供有质量的教育、培训和全民终身学习机会；所有公民都应成为积极的学习者，对学习过程发挥作用，在将自身的社区转变为学习环境中发挥积极作用——这种环境就是：提供免费的、开放的数字或印刷的阅读材料，从而使公民得到文化学习。

第八节　学习型城市建设的反思

在过去的20多年中，欧洲一直走在学习型城市建设的前列，学习型城市的数量也越来越多。然而，近年来欧洲也在不断反思在学习型城市建设中，阻碍城市充分释放其潜力、制约学习型城市效果和社会影响力的陷阱和因素。可归结为：一是充分彰显"学习型城市"所产生的价值时，非常困难，而这正是吸引终身学习投入的重要因素。二是质量管理及其评估时，仍然让人感到是管理机构形式化的要求，而不是对未来的投资需要获取的经验教训，实际上，这也就没有办法确保当地的学习网络能够检验自身的优势与弱势。

第二章　学习型城市建设的典型案例

第一节　开放公共设施，推进学习型城市建设

开展各类社会文化活动是公共文化设施的职能之一，也是构建学习社会的重要组成部分。进入 21 世纪以来，公共文化设施普遍实施了积极的公众战略，带领其传播和服务领域走向社会，日益重视和满足普通公众的需求和参与，越来越公众化，开办成为外向型文化设施，日益超越自身的局限性，通过传播政策改变其原有品格。公共文化设施也日益成为社区中心，为所在社区服务，通过社区参与为公共文化设施做贡献，使社区从公共文化设施获益。

教育博物馆助推学习型城市创建

2013 年 10 月 21—23 日，联合国教科文组织、中国教育部和北京市人民政府联合在北京召开首届国际学习型城市大会，这是一次具有重要意义的大会。会议通过了《建设学习型城市北京宣言》和《学习型城市主要特征》两个成果性文件，其整体目标是要创建一个学习型城市的全球网络，展现各城市是怎样利用自身资源，通过提高全民终身学习的质量，有效提升个人能力，增强社会凝聚力，促进在每一领域有效地开发和扩充所有人类潜能，以促进人的终身发展、保障社会平等与公正、保持和谐与团结，建设包容、繁荣和可持续发展的城市社区。

联合国教科文组织于 2013 年 10 月启动全球性的学习型城市计划，该计划包括两个项目，分别是由以大学为主的教育机构提供的正式学习项目和由图书馆、博物馆等提供的非正式学习项目。博物馆是为社会及其发展服务的非营利性的公共文化机构，社会的演进一直在潜移默化地影响着博物馆。博物馆是社

会教育的积极力量，与学校、社区结合，符合全世界博物馆发展的潮流。事实上，这既是各馆履行教育使命的需要，也是完善我国现代国民教育体系，形成终身教育体系和建设学习型社会的必然要求。构建学习型社会，发展终身教育，已是当今教育发展的潮流。博物馆以自身独特的优势，依托馆藏，在非正式教育领域扮演着越来越重要的作用，借助公众感兴趣的教育方式达到"随风潜入夜，润物细无声"的教育效果，博物馆逐渐成为公众终身教育的最佳场所之一。

国际博物馆协会是这样描述博物馆教育的："博物馆应该抓住一切机会发展其作为教育资源为各阶层人群服务的职能……博物馆的一个重要职能就是吸引更多来自各个阶层、不同社区、地区以及团体的目标观众，并应该为一般社区、特殊人群及团体提供机会，支持其特殊的目标和政策。"国际博物馆协会的定义表明了博物馆教育的重要性，但未涉及博物馆教育职能的具体范围。英国博物馆学家格林黑尔提出"博物馆本身就是一个教育机构，博物馆的所有活动都具有教育的目的，包括资料（如绘画、标本、历史手工艺品等）的收集，展览设计和产生，特殊活动以及教学会议的安排"。格林黑尔的定义进一步明确了博物馆所应该包含的教育项目。2007 年国际博协大会对博物馆的定义进行了修改，其中最重要的改动是将教育作为博物馆的第一功能予以阐述，为当前社会条件下的博物馆工作指明了方向。

一、宁波教育博物馆简介

宁波素称"文教之邦"，教育源远流长，重教兴学，世代相承。早在东汉时，宁波境内已有学宫。自唐至清，置州学、设书院，浙东、四明、姚江学派远播四海。先儒王应麟、王阳明、黄宗羲等以独特的教育理念与讲学风格，开风气之先。近代宁波开埠后，举女学，兴学堂，先贤吴锦堂、蒋梦麟、杨贤江等倾心倾囊探求教育真谛，宁波教育独领风骚。中华人民共和国成立后，宁波教育历经艰难，探索前行。改革开放后，宁波教育把改革创新作为发展动力，深化教育体制改革，不断创新办学模式，教育事业如沐春风，英才辈出，在教育现代化进程中实现了历史性跨越。建立宁波教育博物馆，以收藏、研究、诠释宁波教育遗产的方式，传承宁波教育文化，彰显宁波教育精神，为当代宁波教育开创崭新局面！

2000 年 6 月 15 日，宁波市委办公厅印发了《宁波市行业博物馆建设专题会议纪要》（［2000］7 号），教育博物馆列入宁波市十大行业博物馆待建项目。经充分酝酿,2012 年 11 月建馆工作全面启动。在宁波教育博物馆两年多的筹建过程中,得到了宁波市委、市政府领导的密切关注和亲切关怀,宁波市教育局领导十分重视教育博物馆的筹建工作,并把它列入"十二五"期间宁波教育现代化三年行动计划重点项目。2013 年 9 月,全国人大原委员会委员长乔石同志为宁波教育博物馆题写了馆名。宁波教育博物馆的建成开馆,成为全国第一个教育博物馆,填补了全国博物馆体系的一个空白。

宁波教育博物馆由宁波教育局创办,重在体现"教育""宁波""博物"三大元素,旨在传承教育文化,彰显宁波精神,物化教育记忆。宁波教育博物馆选址于宁波市海曙区和义路 106 号(原甬江女子中学旧址)的一幢三层教学楼,建筑面积 2385 平方米。甬江女子中学始建于 1844 年,是中国第一所女子学校。

据统计,宁波教育博物馆现已接受 137 人 116 家单位捐赠的实物藏品 3700 多件,电子藏品 600 余件。其中包括宁波最后一位状元章鋆的闱墨卷、晚清李国磐国子监监照、清末教科书《澄衷蒙学堂字课图说》、清代科考作弊工具书《四书典仓》等。

宁波教育博物馆设有三个主展厅、五个专题厅和两个临展厅。主展厅按历史脉络分为"文教之邦——宁波古代教育演变""甬上先风——宁波近代教育之路""杏坛沐春——宁波现代教育历程",专题厅突出宁波教育特色与贡献,包括"宁波古代教育家群雕""蒙以养正——宁波人与蒙学教育"互动教室、"从童蒙到状元"幻影成像、"甬江女中的故事"小剧场、"物旧意深"教育旧物展;另设临展厅等。除了普通展陈,还有触摸屏讲故事、幻影成像、互动游戏、剧场等形式,以不同的手法向各个年龄段的观众展现宁波教育的历史和文化。

由于实体博物馆受时间、空间等客观因素的限制,在实体博物馆建设的同时,还建设宁波教育网络虚拟博物馆,通过互联网、多媒体与新形势技术,实现线下线上一体化。虚拟博物馆借助网络融入公众,内容持续增长。改变以往传统的博物馆展览方式,利用信息数据库、音视频、平面动画、虚拟三维等多种方式,通过三维呈现、人机交互等手段,向观众展现宁波教育的发展历史、重要任务、事件及相关文物,弘扬与传承宁波教育的优秀思想文化,使之成为能提供专项信息及检索服务的公益性教育平台,促进宁波教育博物馆与社会公众的沟通,加深人们对宁波教育博物馆的了解,提升宁波教育博物馆文化的影响与传播。宁波教育网络虚拟博物馆是宁波市努力建设成为"数字宁波"的一个重要

文化窗口。

宁波教育博物馆体现了"宁波""教育""博物"三个要素,坚持"厚古薄今,古为今用"的原则,做到传统与现代相结合,静态与动态相结合,展物与传神相结合。因此,展陈内容中突出了宁波教育的特色和亮点,展陈方式上力求故事性、趣味性、体验性、启发性相结合,兼顾不同社会受众参观的指向(休闲性和学习性),真正体现教育博物馆的教育功能、传播功能和服务功能。

宁波教育博物馆是全国首家教育博物馆,宁波政府希望以此来传承文脉,激励莘莘学子和广大市民。教育博物馆以史实为依据,人物为亮点,展品为教材,是陈列、研究和珍藏物质与精神文化的公益性机构。宁波教育博物馆全面系统地展示宁波教育发展的历史和特色,承续自古以来重教兴学的文化传统,体现"宁波教育"发展元素,创造宁波教育美好的未来。教育博物馆可以增强宁波城市历史文化的纵深感和厚重感,体现宁波市悠久的历史文化底蕴,延续城市文脉,提高城市品位,提升城市形象。教育博物馆对宁波教育发展历史的展示,也从一个侧面彰显和体现了海纳百川、先行先试、勇于创新、不甘人后的宁波精神。教育博物馆是市民的终身学校,可发挥教育使人向善、教人做人、使人向上的作用,陶冶道德情操、丰富精神内涵,为青少年成长搭建良好平台,提升市民教育文化素养,为创建宁波文化大市与和谐社会发挥积极作用。

二、宁波教育博物馆选址

宁波教育博物馆选址于宁波市海曙区和义路106号(原甬江女子中学旧址)的一幢三层教学楼,建筑面积2385平方米。甬江女子中学始建于1844年,是中国第一所女子学校,该教学楼于2003年8月被评为宁波市文物保护点。

1844年,英国基督教传教士爱尔德赛女士来到宁波,在城西祝都桥开办了宁波女塾。爱尔德赛女士创办的女校后来演变成了甬江女子中学、宁波六中,也就是今天的甬江职业高中。

选择甬江女中旧址作为宁波教育博物馆的馆址,基于三方面的原因:其一是能让甬江女中这个"文保点"发挥新功能,也能为宁波城市文化底蕴的凸显注入新的元素;其二是甬江女中见证了鸦片战争之后宁波教育发展的近代史,从这个角度来说,选择它作为宁波教育博物馆的馆址,能说明宁波教育历史的"厚度";其三是作为中国第一所女子学校,甬江女中打破了中国封建社会女子不可进学校的传统,引领了中国近代教育的走向,也佐证了宁波在中国近代教育史上的先锋作用和重要地位。

三、陈列和展览

从教育学角度,博物馆教育是致力于博物馆服务对象成长的一种特殊教育种类,为增进他们对在博物馆所经历的各种事物的理解,鼓励他们为实现他们认为有价值的目标而努力。从博物馆学角度,博物馆教育是依托陈列展览和藏品等相关信息,运用多种方法,向广大观众传播科学、历史、文化知识的教育种类。

宁波教育博物馆除了常设展览以外,还紧扣社会和观众需求举办临展,以更新和丰富博物馆教育内容。宁波教育博物馆举全馆之力,与宁波文创联盟、宁波教育局装备中心、北京孔庙和国子监等多家单位联合举办"宁波教师书画展""宁波智慧教育展""宁波市艺术院校创意设计作品联展""'首善之地 昌明国学'孔庙和国子监文化艺术展""科举匾额拓片展""屠呦呦与宁波特展""宁波市教育局直属学校教育教学成果展"(普通高中和职业高中)、"我和藏书票的故事——宁波市白鹤小学藏书票优秀作品展""台湾文献初祖——沈光文""中日文化交流使者——朱之瑜"等临展,从不同侧面展现了宁波教育的丰硕成果,有力补充了馆内基本陈展。尤其是"屠呦呦与宁波"特展吸引了众多的市民和学生参观,激发了宁波市民尤其是广大学子对发明创造、创新实践的热情,增强了城市文化竞争力与凝聚力。

为让家乡人更多地了解屠呦呦,让她的精神感染更多的人,让更多市民了解中医以及青蒿素,"屠呦呦与宁波"专题展设在宁波教育博物馆2号临展厅,主体内容分前言、求学经历、学术成就三大块,详解她的科研经历、她与青蒿素的故事,追寻她与宁波教育的不解之缘。屠呦呦在宁波从幼儿园、初小、高小、初中到高中的教育经历,屠呦呦在读书期间的部分史料,如甬江女中学籍册、她在效实中学以及宁波中学读书期间的任课教师资料、她留下的成长足迹等,都会在这次展览中展出。

四、博物馆的社会教育

2015年3月20日起施行的《博物馆条例》第三十四条规定:博物馆应当根据自身特点、条件,运用现代信息技术,开展形式多样、生动活泼的社会教育和服务活动,参与社区文化建设和对外文化交流与合作。

展览即便再优秀,观众也会有看腻的一天。因此,博物馆不仅要做好展览,还要围绕和配套展览,开展一系列延伸教育和拓展服务,如示范表演、探索活动、专题讲座、视听欣赏、动手做、研习活动、知识竞赛、知性旅游、学术讨论会、出版刊物、咨询服务等,以丰富观众的学习体验,实现博物馆教育效能的最大化。宁波教育博物馆围绕国内展览和藏品设计组织了一系列教育活动。

1. 小小讲解员活动

为了让参观者更好地了解"屠呦呦与宁波"专题展的内容,有效普及科学文化知识,弘扬屠呦呦科学精神,宁波教育博物馆和宁波市江北区实验小学联合开展小小讲解员活动。

江北区实验小学是屠呦呦先生的母校,此次参加讲解的是张楚涵、王妍蕊、丁贤达、蒋心尧四位小朋友。由于馆校双方的重视和学生自身的努力,经过短短四天的紧张准备后,小小讲解员于 2015 年 11 月 28 日正式亮相。在"屠呦呦与宁波"专题展开展当天,他们娴熟的讲解、认真的神情、自信的形象赢得了张明华副市长的赞扬,也给来宾们留下了深刻的印象。

小小讲解员是讲解志愿者队伍的一个创举,不仅丰富了志愿者队伍,更为广大中小学生提供了一个学习与锻炼的平台。此次活动,小小讲解员不仅先学先知了丰富的展览内容,宣传了学校的优秀教育成果,还通过努力锻炼了自己的表达能力,学会了更好地与他人沟通和交流,全面提升了综合素质。特别是讲解屠呦呦那么优秀的校友,小小讲解员们个个深感自豪,并以其为榜样,孜孜进取。

博物馆真诚希望有更多的中小学学生能走进教育博物馆,用热情与才华来宣传与弘扬宁波教育文化,提升城市文明!

2. 向屠呦呦先生学习倡议

2015 年 11 月 28 日,在"屠呦呦与宁波"专题展的开幕式上,来自宁波大、中小学 12 所学校的 24 名学生向全市 130 多万大中小学生发出向屠呦呦先生学习的倡议,号召同学们学习屠呦呦一丝不苟、创新求实、淡泊名利的科学精神,踏实学习、专心研究,成就自己的辉煌人生;号召同学们做求实路上的先锋军、自强不息的逐梦人、开拓未来的领航者、团队合作的行动者、建设祖国的主力军。屠呦呦先生为世界医药事业做出了伟大的贡献,她是中华民族的骄傲,更是宁波人的骄傲。希望同学们能够弘扬和传承屠呦呦先生的精神,在学业和人格上严格要求自己,书写属于自己的人生辉煌。

3. 传统文化广场吟诵活动

为传承中华优秀传统文化,弘扬社会主义核心价值观,营造阅读氛围,创建书香校园,推崇文化实践,增强人文道德素养,在第21个"世界读书日",宁波教育博物馆成功举办了"中华传统文化广场吟诵"活动。参与这次活动的有宁波市吟诵学会、宁波市荷花庄小学、宁波市镇安小学、宁波培德学堂等四家单位。

"呦呦鹿鸣,食野之苹。我有嘉宾,鼓瑟吹笙。吹笙鼓簧,承筐是将。人之好我,示我周行。呦呦鹿鸣,食野之蒿。我有嘉宾,德音孔昭。视民不恌,君子是则是效……"活动在诗歌《小雅·鹿鸣》的朗诵中拉开序幕。现场,十多位年龄不同的小朋友穿着红色汉服参加吟诵表演,一位穿白色汉服的中学生进行古琴伴奏,场面唯美。

宁波市吟诵学会副会长在活动中告诉学生,吟诵是中国人几千年代代相传的读书方式,是中华民族优秀的非物质文化遗产,同时也是传承中国文化的重要途径。学习经典吟诵,能帮助理解、识字与记忆,更能感受汉语音韵之妙,养成君子之风。

举办这样的活动源自宁波历来重视蒙学教育,《三字经》就是庆元府鄞县(今宁波市鄞州区)人王应麟所写。本次活动,宁波教育博物馆希望通过吟诵的方式传承宁波教育文化。作为保存记载宁波教育的文化场所,宁波教育博物馆内设置了"蒙以养正"专题互动厅,有不同语言的《三字经》的听音设备,《三字经》连连看游戏与拼字游戏赢得小朋友们的喜欢。

4. 国学公益课堂之《三字经》诵讲

宁波教育博物馆举办以"齐扬国学经典之声,共绘你我精彩人生"为主题的国学公益讲座。本期课程以宁波古代先贤王应麟编写的《三字经》为主要学习内容,面向幼年儿童,旨在开启孩子学习国学的兴趣,让孩子在汲取文化营养与经典智慧的同时,提高人文素养,培养优雅情怀。课程内容朴实丰富、形式多样有趣,呈现五大特点:在吟诵中学经,在故事中习礼,在讲解中增能,在游戏中识字,在讲座中受教。共有15名学生通过自主报名和学校推荐报名参加,《宁波日报》《宁波晚报》甬派客户端均报道相关新闻,产生了一定的社会影响力。通过家长调查问卷,大部分家长对本次"诵读"课程表示满意,希望能够继续开办下去。

5. 社会实践大课堂

2016 年 7 月份宁波教育博物馆获批成为"宁波市第三批中小学生社会实践大课堂资源基地"。暑假通过"边看边做""教博寻宝""小小讲解员"等活动,努力将教育博物馆打造成中小学生喜爱的社会大课堂。

(1)"边看边做"活动。每一位参加社会实践的学生需进行全馆的参观学习,参观之前,博物馆会根据学生学段提供一份"宁波教育知多少"测试卷,测试卷分为小学生版、初中生版、高中生版。让学生带着简单的问题去参观,在小知识中汲取大文化,提高参观效率。

(2)"教博寻宝"活动。要求学生根据博物馆提供的文物局部纹饰图到展厅找到相应的展品,对小朋友来说有一定的挑战性。在此次"寻宝"任务中,小朋友们可以与父母一起进行寻宝,由此增进亲子关系。

(3)"小讲解员"活动。宁波教育博物馆在暑假期间提供 3~4 次讲解员培训活动,时间一般为 1 天,学生可自行选择培训时间。上午为理论培训,下午为一个展厅的讲解实践训练,学生可在掌握讲解技能的同时习得宁波教育历史与文化知识。

(4)"寻找我的学校"活动。在教育博物馆中寻找你正在就读或曾经就读过的学校痕迹与校友,唤起母校情结,增强母校荣誉感。

(5)"大中小学生暑期教博实践"活动。学生暑期教育博物馆实践主要是服务引导和志愿讲解。学生通过博物馆集中组织岗前培训,让每一位实践学生都了解宁波教育文化,知晓各类教育实物藏品背后的历史故事,同时每位引导服务志愿者都能细心引导和提醒参观者注意安全等事项。社会实践让学生更加了解宁波教育,成为弘扬宁波教育精神的文化使者。

6. 教博讲坛

作为行业性博物馆,宁波教育博物馆紧紧抓住"教育"行业优势与特性,重研究,主讨论,开讲坛。国家文物局原副局长、中国博物馆学会会长张柏先生,北京孔庙和国子监博物馆馆长吴志友先生,杭州世界钱币博物馆馆长储建国先生,宁波教育博物馆(筹)主编胡审严先生,浙江大学现代教育技术研究所所长张剑平教授分别作了《中国博物馆事业的发展与前瞻》《走近孔子看儒家》《中国的科举文化》《宁波教育博物馆馆藏珍品解读(一)》《虚实融合的博物馆教育与文化传承》等教育文化系列讲座。这些讲座分别从文博、儒学、科举、教育等方面,集专家智慧、兴教博发展、扬教育文化、提人文素养。

五、馆校联动

为提高服务学校、服务教育的水平,宁波教育博物馆自 2016 年 4 月底开始举行"宁波市教育局直属学校教育教学成果展"巡回展。宁波市 22 所普通高中和职业中学的共计 60 块图文并茂的展板陆续送入海曙区、江东区、江北区部分初中。这些展板涉及学校的特色介绍、名师介绍及著名校友介绍等内容,将向初中生们尤其是初三的学生及家长提供选择参考。巡回展的第一站在东恩中学宽诚体艺馆,展览期间,2500 余名学校学生及家长进行了参观。家长们表示,通过观看这些精心编排的展板,他们切实了解了各校办学历史、办学特色和办学成果。

该巡回展是宁波教育博物馆实施馆校联动迈出的第一步。为进一步贯彻落实党的十八大"立德树人"的宗旨,宁波教育博物馆从 2016 年 3 月起实施馆校联动方案,从参观学习、社会实践、志愿服务、送展进校、学术共建、临展联办、网络互动、文物保护、文创研发九个方面逐步推进与学校的沟通与合作,充分利用宁波教育博物馆丰富而多样的教育资源,引导青少年学生了解宁波教育历史,树立正确理想信念,培养优秀人文素养,促进全面健康发展。

2016 年,宁波教育博物馆陆续开发了宁波教育史系列课程,首批四门课程为:《宁波教育之最》《宁波教育博物馆经典藏品解读》《博物馆入门——以宁波教育博物馆为例》与《宁波教育名家》,为师生讲述有关宁波教育、博物馆、文化的内容,传承教育文化,弘扬教育精神。

宁波教育博物馆是宁波市爱国主义教育基地和中小学生社会实践基地,目前已成为学校德育教育的重要课外学习平台。馆校联动机制将进一步拓展教育博物馆的教育职能,努力实现学校教育教学成果展与教育博物馆收藏联动、馆校科研协作与资源共享。

六、博物馆志愿者

宁波教育博物馆自建馆初期面向社会招募志愿者,得到了社会各界人士的热情支持,至今共有五批 165 名签约志愿者,115 名志愿者经培训后上岗服务。

第一批志愿者以教师为主,主要来自宁波卫生职业技术学院、宁波第二技师学院、宁波中学、宁波四中、宁波外事学校、北仑区新碶仙荷幼儿园等全市各级各类学校。在博物馆开馆日当天,8 位志愿者上岗服务,为数百名参观者提供讲解服务。宁波教育博物馆已与宁波城市职业技术学院建立了长期馆校志愿者合作关系。第二批志愿者以宁波城市职业技术学院的学生志愿者为主,已签约 77人,已安排 62 人上岗服务。第三批志愿者来自宁波外事学校,由 20 名学生组成的志愿者团队进行讲解服务。第四批志愿者是来自宁波市江北区实验小学的小学生,4 位小小志愿者为"屠呦呦与宁波"特展增添了光彩。第五批志愿者以大学生为主,主要来自宁波教育学院、宁波大学教师教育学院等大学还有部分市民。

每一位志愿者,不管是讲解类志愿者或是引导服务类志愿者,博物馆都会集中组织岗前培训,让每一位讲解志愿者都熟悉宁波教育文化,近距离了解3600 多件各类教育实物藏品背后的历史故事,每位引导服务志愿者都能细心引导和提醒参观者注意安全等事项。经过培训合格后,志愿者才可上岗服务。

宁波教育博物馆继续公开招募各类志愿者,除了教师、学生外,也面向市民;除了以普通话服务外,也招募能讲宁波方言,以及英语等外语的志愿者;除了招募青少年志愿者外,也非常欢迎退休老年人的参与。

七、反思

如今的观众来到博物馆已不再是为了寻找一个权威,而是寻求一种对话;不仅是为了获得某种知识,更是为了一种体验,审美、学习、发现,或是娱乐、休闲和社交。因此,放眼国际,我们的博物馆也要提供这样一种对话和体验的平台,无论在展览的设计、教育活动的规划上都需充分体现与观众互动、交流,为他们服务的理念。目前,我们亟待审视博物馆建设及博物馆教育的相关问题,同时机构的运营模式及教育模式也必须有所改变。有人说,"爱上博物馆,是一种生活方式"。不知道,我们宁波教育博物馆离这一步还有多远?理想中的博物馆,是开放、通达、包容、能盈利、与社区紧密相连的数字化民主机构,希望在博物馆大发展的今天,我们周围有越来越多的民众会主动走进宁波博物馆,走近博物馆,也期待越来越多的博物馆能走进民众的内心,并常驻其间。

学习型图书馆助推学习型医院创建

一、研究的背景

宁波市妇女儿童医院是一家以妇产科、儿科为主要专科特色的医院,集医疗、保健、教学、科研、预防、急救、康复、健康教育为一体的三级乙等妇女儿童医院,既承担了宁波市及周边地区妇女儿童各类疾病的诊治和危重疾病的抢救工作,也承担着全市妇幼保健业务的技术指导工作。医院设有职能科室 18 个,住院病区 18 个,临床科室 28 个和各类专病专科专家门诊 50 余个,并设有检验、病理等医技科室 6 个,实行 24 小时应诊,还根据病人需求,设置了特需门诊。2009 年门诊量达 134.6 万余人次,居宁波市属医院第一位,住院病人 33711 人次,也居宁波市属医院首位。宁波妇儿医院现拥有医职人员 1000 多人,其中高级职称 150 人。

医院是医学、护理学、药学等学科实践的主战场,这些学科是与现代技术密切相关的科学,是主要通过技术来实现进步和发展的科学。这些学科的每一步发展都离不开新的科学技术,因此,科学技术与医院的关系是非常密切的。随着高科技在医学及管理领域越来越广泛的应用,当代新技术革命为医学科研和疾病的诊断、治疗、预防提供了更为先进的手段,从而促进了医疗、护理和预防工作的现代化、自动化,使人们对疾病的认识更加准确,治疗和护理手段更加完善,一些不能或不易治愈的疾病得到了预防和治疗。

基于此,面对新形势下的机遇和挑战,宁波市妇儿医院立足医疗科技前沿,以不断提高医务人员文化素质和医学技术水平为宗旨,通过打造学习型图书馆,助推学习型医院的创建,在全院形成人人学习、处处学习、时时学习的良好氛围。

二、学习型医院创建的概述

(一)学习型医院的概念

学习型医院就是通过营造整个医院终身学习的氛围,充分发挥医院全体员工的创造性思维能力,建立一种知识快速更新的可持续发展型医院。突出四个

内涵:一是医院中所有成员均应养成终身学习的习惯;二是注重全员学习,即医院各层面都要全身心投入学习;三是强调全过程学习;四是倡导"团体学习",即不但重视个人学习和个人智力的开发,更强调医院各成员的合作学习和群体智力的开发。

(二)学习型图书馆的定位

学习型图书馆作为学习型医院发展的重要支撑点,具有为医院发展提供知识和信息保障,推送优质服务的重要职能,在学习型医院的建设中发挥着不可替代的作用。图书馆作为医院的学习中心,通过整合资源,建设特色化的馆藏资源库;通过创新举措,提供人性化的科研信息服务;通过精准供给,推送个性化的信息导航服务;通过组织团队学习,开展系统化的特色读书沙龙。不断增强全体医护人员的终身学习的意识,并在图书馆的各个工作环节中注入学习要素,从而在图书馆内形成热爱学习、持续学习、有目标学习的自觉动力,不断提升医护人员的整体医护水平与科研能力,更好地为学习型医院提供坚强有力的服务。

三、打造数字图书馆创建学习型医院的实践

(一)整合资源,建设特色化的馆藏资源库

1. 加强重点及特色学科馆藏

宁波市妇女儿童医院是一家以妇产科、儿科为主要专科,集医疗、保健、教学、科研、预防、急救、康复、健康教育为一体的三级甲等妇幼保健院。

医院拥有围产医学新一轮省市共建重点学科,儿科学市级重点学科,妇科学市级重点学科,母胎医学和生殖医学市级重点实验室。儿科首批省区域专病中心建设单位,2014年妇科成为浙东区域专病中心建设单位,妇科恶性肿瘤、小儿肾脏疾病、小儿风湿免疫疾病为第一批宁波市市级医院临床特色重点专科(病)建设单位。

医院图书馆依据学习型医院的创建需要,根据本馆馆藏基础,紧紧围绕妇科、儿科等重点学科领域搜集文献,开发学科特色、专业特色、语种特色等馆藏资源。广泛收集组织信息资源,通过筛选、整理、加工、搜集妇科、儿科、生殖医学等相关科学信息,逐步建立起一个既有数量又有质量,既有深度又有广度的医学文献馆藏体系,为医院重点学科的建设奠定文献基础。

2. 围绕科研项目建设资源库

围绕医院重点课题、科研项目及教研活动购书,引入中国生物医学文献数据库(Medline,CBMDisc)、中国生物医学期刊文献数据库(CMCC)等数据资源库,为临床、科研、教学打下坚实的基础。为保证医院重点学科在国内的领先地位,权威性文献要尽量收藏完备,并注意文献收藏的新颖性、前瞻性和预见性。

3. 紧扣教研建立专题文献库

紧扣本院医学教研特色,建立专题文献数据库,不仅是满足临床诊治、科研、教学的需要,还是图书馆实现现代化、网络化的基础,它包括图书资料目录索引,专题文献资料全文检索,本院医学文献科研成果数据库,本院专业领域最新研究发展跟踪报道等。同时,图书馆又引进了《中国医院知识仓库》,将其广泛应用于医院管理、医疗、科研、教学等方面,它不仅提供了快捷、高效、便利的服务,同时也解决了医院困扰已久的问题,成为信息时代的学习方法主导。

(二)创新举措,提供人性化科研信息服务

1. 为医院医护人员提供特色服务

医护职业需要接受较长期的继续教育,医学知识与技能的获得不能仅仅通过正规教育来完成,这就需要医护人员注重不断地持续学习、终身学习,随时掌握和了解最新的医学动态,以及先进的治疗方法。

2. 为医院科研提供专题跟踪信息服务

从选题、定题到进一步收集信息,医护工作者对信息的需求贯穿于整个科研过程中。宁波市妇女儿童医院承担着许多省级或地方的重点科研项目,医院图书馆可对科研课题立项提供初步查新检索,对重点课题提供专题定向信息服务、个性化服务以及信息跟踪服务。

(三)精准供给,推送个性化信息导航服务

2009 年 3 月,宁波数字图书馆开通运行,其整合了宁波大学园区图书馆、宁波市图书馆、宁波市科技信息研究院以及各在甬高校图书馆的数字资源,引入国内外主要文献服务系统(CALIS、NSTL、NDL、OCLC、Web of Science、SWICH、"读秀"等),建设有宁波本地特色的数字文献资源库及导航系统。

宁波妇儿医院与宁波数字图书馆合作,依托宁波数字图书平台,开展个性化信息推送与导航、信息咨询、信息获取、原文传递、个性化信息检索定制等服务,整合国内图书馆服务联盟的资源,拓宽我院数字资源使用渠道。

个性化信息推送服务。开展同类用户的群体化推送,个性化定题推送,最新科研成果推送及分层次、分人员素质需求的推送等。通过图书馆的最新信息推送服务,可针对每一个图书馆个人用户和群体用户的独特信息需求,提供有针对性的学术性信息。

个性化信息检索定制服务。构建融合多学科最新技术为一体的信息推荐系统,让读者根据兴趣爱好进行资源、服务、方式、环境、交流、工具等方面的定制,从而为不同的读者构筑特定的信息获取渠道,建立读者需求模型,提供信息过滤工具,帮助读者从大量的信息中提取针对读者需求的有用信息,以精炼的方式提交结果。

(四)团队学习,开展系统化特色读书沙龙

通过图书馆统一策划、组织和指导,依据馆藏特色和医院学科分布特点开展丰富多彩的阅读活动,是创建学习型医院和提高医务人员团队学习的有效途径之一。图书馆与相关科室、课题组、学术带头人等保持密切的联系,由他们定期介绍和推荐科技含量高、指导意义强的学习内容或文献。图书馆负责文献的保障,并在每次活动前给参与人员提供与学习内容相关的题录、专题索引、文摘、译文、参考文献等材料。活动以科室为单位或以某一主题为内容,感兴趣的人员均可参加。具体形式有中心发言、自由讨论、专家点评等,最后由主持人归纳总结,并布置相应的思考题和作业。每次活动图书馆必须派专人参加,对活动的内容、提出的问题、讨论的情况等进行记录,并负责与有关人员进行交流,征询是否还有进一步的信息要求,保证活动的完满。

四、取得成效与推广价值

实践证明:学习型图书馆助推了学习型医院创建工作,营造了整个医院终身学习的浓厚气氛,激发了医院员工的创造性思维能力,通过重点学科、科研项目信息化服务,我院取得一系列的科研成果,整体医疗水平上了一个台阶。

创建三年来,我院发表一级期刊24篇,"中华牌"杂志11篇,其中论著7篇。《宁波地区宫颈癌防治的现状调查和区域循证筛检策略的研究》《自制止血带在腹腔镜下子宫肌瘤挖除术中的应用研究》《宁波地区5岁以下儿童呼吸道博卡病毒感染的相关研究》《FSHR在绝经后脂肪细胞增殖、分化和代谢中的作用机制研究》《七氟烷镇痛作用与大鼠脊髓5-HT1A受体的关系》《GITR在流产中的作用机制研究》《生长激素释放激素受体剪接变体在子宫内膜异位症中的表达及意义》等一批国家、省级重点科研项目落地。

依托园区图书馆,建设学习型城市

进入 21 世纪以来,尤其是近几年我国各项事业发展面临新形势、新环境和新变化,这些机遇和挑战要求必须构建学习型城市,创造良好的学习氛围,为市民提供终身学习的机会。市民终身学习有助于激发城市活力和动力,提升宁波面对竞争和变化的适应能力,促使宁波尽快跻身全国大城市第一方阵。在宁波快速健康发展过程中,图书馆的参与和配合尤其重要,这能使宁波市民积极面对经济和知识转型带来的挑战,同时能配合市政府在教育领域的改革和提倡终身学习的政策,以及鼓励市民终身学习的措施。建设并支持宁波成为学习型城市是宁波大学园区图书馆必然履行的职能和内在工作目标之一。

《联合国教科文组织公共图书馆宣言》中阐明,公共图书馆是开展教育、传播文化和提供信息的有力工具,也是在人们思想中树立和平观念和丰富人民大众精神生活的重要工具。宁波大学园区图书馆一直秉承这一原则和理念,担负着服务社会的功能和角色,就不同年龄阶段、不同阶层的市民需要,提供免费信息服务,并经过多元化的资源和活动,鼓励市民终身学习;目标与建构学习型城市一致,以实现终身教育,提高市民核心素质和城市的综合竞争力为本。

一、宁波大学园区图书馆简介

我国政府一直以来高度重视学习型社会和城市建设。2010 年,国家发布的《国家中长期教育改革和发展规划纲要(2010—2020 年)》明确提出"到 2020 年,基本实现教育现代化,基本形成学习型社会,进入人力资源强国行列"的战略目标。2012 年,中国共产党第十八次全国代表大会报告中明确指出:"积极发展继续教育,完善终身教育体系,建设学习型社会。"在中国政府一系列方针政策指导下,全国许多地方开展了学习型城市建设的实践探索。

宁波大学园区图书馆正是在这种学习型城市实践探索过程中成长和发展起来的。建设大学园区是宁波市的政府行为,2000 年开始建设,至 2003 年基本建成。整个园区占地 4 平方公里,内有 9 所学校,包括 7 所大学和 2 所中学。园区内学校体制各不相同,有省属的、市属的、区属的,也有企业办的学校,还有国有民办的,甚至有至今国内为数不多的国外大学——宁波诺丁汉大学。从经济层面来论,它们归属不同的利益系统。大学园区由宁波市政府统一规划,各校自己建设,经费来源渠道不同,包括政府出资、学校自筹和社会出资,三者大致均等。园区内建有供各校共享的四大中心——图书信息中心、体育中心、会议中心和商务中心。图书信息中心即大学园区图书馆,是由宁波市教育局出资兴建的。

宁波大学园区图书馆是宁波市教育局的直属单位,又是宁波市第二图书馆、宁波市少年儿童图书馆、宁波市红领巾图书馆、宁波市数字图书馆和鄞州区图书馆,六馆集于一身,同时还被授予宁波市科普教育基地、宁波市社会科学普及基地、宁波市法制教育基地等多个称号。2003 年 12 月 28 日建成并正式向社会开放,占地面积为 58000 平方米,总建筑面积约 28600 平方米,总投资近 1.4 亿元,为宁波市八大文化设施之一。宁波大学园区图书馆是为宁波市民和大学园区各校师生提供教育、信息和文化休闲服务,为全市儿童提供阅读活动和教育培训的社会公益性服务机构。

宁波市数字图书馆(简称 NBDL,网址:www.nbdl.gov.cn)是国内第一个由政府主导的综合性、跨系统的区域性数字文献信息资源共建共享服务平台。2009 年 3 月正式建成并开通服务,项目建有 NBDL 中心门户平台、17 个特色数字文献资源库和宁波手机阅读,2013 年初又启动 NBDL 二期项目,在 NBDL 框架下新建了"宁波市数字化学习中心"(简称 NBEL,网址 www.nbel.gov.cn),于 2013 年底基本建成并开通服务。宁波市数字图书馆可为广大用户提供各类文献题录和文摘等二次文献的免费查询服务,同时,通过即时下载或原文传递等方式,获取所需的文献全文,享用国内和国际重要文献信息联盟服务和全市主要图书馆联合目录查询服务。截至目前,中心门户平台可供检索元数据达 5.6 亿余条,其中,中外文图书近 2435 万种,中英文期刊数据 2.72 亿余篇,中文报纸 1.1 亿余篇,中文会议论文 616 万条,中英文学位论文 1967 万余篇,中英文专利 7039 万余篇和学术视频 200 万集。

宁波市少年儿童图书馆成立于 2011 年 7 月 2 日,位于宁波高教园区南区,由幼儿部、少年部、梦想舞台、活动室和教室等区域组成,建筑面积 5000 平方米左右,设有读者座位 500 余个。幼儿部建筑面积 1200 平方米,以 0~6 岁的婴幼儿及其家长为主要服务对象,是专为婴幼儿提供阅读活动的场所。现有馆藏绘本 2.8 万册,亲子、育儿丛书 2000 册左右;内设幼儿多媒体互动区、生活体验区、游玩区等;少年部建筑面积近 1000 平方米,以 6 周岁以上少年儿童为主要服务对象,是学龄儿童的阅读场所。现有馆藏文献 18 万册左右,期刊 200 余种,数字化阅读电脑 12 台;梦想舞台、活动室和教室总面积近 3000 平方米左右,是一个为少年儿童及家长提供才艺展示、亲子活动、公益培训的场所。

宁波市红领巾图书馆成立于 2012 年 5 月 30 日,该馆设在宁波大学园区图书馆一楼,由全市少先队员“自主管理,自我服务”的红领巾图书馆,广泛开展“我的红领巾图书馆我来建”“好书共分享”爱心图书募捐、少先队“名家讲堂”“好书伴成长”经典诵读和读书征文等活动,面向全市 49 万少先队员切实传播社会主义核心价值,传承“书藏古今,港通天下”的特色文化,共同促进宁波“文化强市”建设。

在文献资源建设方面,“零复本”是图书采购的基本方针之一,以种类的齐全与周边院校多复本的藏书方针达成互补。宁波教育文献和鄞州地方文献为本馆的收藏重点。截至 2015 年 6 月,两馆内有各类藏书 1001401 种、1253569 册。年新增藏书 11 多万种、14 多万册,接受赠书近 2 万册;订购期刊 1800 种,报纸 100 多种;馆内阅览区及读者自修室共设 2000 多个座位,全馆无线信号全覆盖并设有线信息点 1000 多个,提供计算机 150 余台;内有多媒体教室、报告厅、展览厅、音乐厅、文化沙龙及鄞州地质宝藏博物馆等,为市民提供学习、娱乐和文化休闲活动。从 2008 年起逐步建立馆外服务点,至今在机关、企事业单位和教育院校、社区共建分馆 753 个,“市民书屋”“职工书屋”百家、乡镇图书馆(室)129 个,汽车图书馆 65 家,漂流图书站 13 个,集体借阅站 42 个。

图书馆本着“读者第一,服务至上”“走出图书馆、办好图书馆”的理念,竭诚服务每一位读者。

二、推动学习型城市建设的项目

为响应“全民阅读”的号召,激发全市师生阅读兴趣,营造浓厚的阅读氛围,加快推进“书香校园”建设,宁波大学园区图书馆已经举办了四届宁波教育系统读书节活动,读书节活动已经成为宁波学习型城市建设的一个金牌项目。

下面以第一届读书节为例,介绍宁波大学园区图书馆为推动学习型城市而

做出的努力。

在第 18 个"世界读书日"来临之际,由宁波市教育局、宁波市文明办、共青团宁波市委、宁波市文联联合主办,宁波大学园区图书馆、宁波少年儿童图书馆、东南商报教育周刊承办的"悦读人生,圆梦中国"首届教育系统读书节于2013 年 4 月 21 日在宁波大学园区图书馆正式启动。宁波市教育局局长沈剑光、副局长胡赤弟、团市委副书记方晴、市文联副主席景松健等出席启动仪式,来自全市各高校及中学的学生和家长近 400 人参加。

在读书节活动开幕式现场,分别举办了免费办理大学园区图书馆借阅卡、年度百大畅销图书展及图书借阅排行榜展、漂流书屋以书换书活动、"我最爱的一本书"百名学生绘长卷、诗歌阅读讲座"中国文学的诗化特征"、亲子教育讲座"蒙童教育全程规划"、大学生阅读沙龙、妈妈沙龙等系列活动。

本次读书节从 4 月持续到 10 月,这期间,全市教育系统还将开展以下读书系列活动:

(1)在全市教育系统内推广开展"读一本好书"活动,提高师生的人文素养,更好地传承中华民族优秀的文化传统。

(2)邀请专家、学者、名师、作家到学校开设教师读书会专场活动,使读书成为聆听大师、分享思想、互动参与的精神文化盛宴。

(3)通过将"我的中国梦"主题与"廉政文化进校园"活动有机结合,在广大师生中开展"读廉文、讲廉事、唱廉歌"活动。"我的中国梦"廉政征文比赛活动获奖文章择优推荐发表。

(4)宁波大学园区图书馆推出阅读存折,每位读者可以领取阅读存折一本,将自己的阅读经历记录在阅读存折上,保留自己的阅读记忆,放飞自己的人生梦想。

(5)全市各中小学校的家长委员会组织学生家长,分组开展"读书·亲子"家庭教育分享活动,帮助家长们走出家庭教育误区,寻找适合孩子性格的教育方法,改善亲子关系,进一步提升"家校协同"的育人功能。

(6)宁波大学园区图书馆推出"借阅排行榜",联合鄞州区新华书店推出"年度百大畅销图书榜",以排行榜的形式向学生推介好书,引导师生营造"读好书,好读书"的氛围。

(7)各地各学校面向全市中小学生,根据不同学龄段,开展"阅读明星"评选活动。以榜样的力量带动学生积极融入"多读书、读好书"的活动中来,引导学生将阅读作为一种习惯。

(8)读书节期间,大学园区图书馆邀请各行业的精英与专家,面向不同的年龄段的教师、学生开展"情绪管理综合练习""摄影基础知识""新时期诗歌佳作赏读"等主题沙龙活动。

(9)依托"明州展廊"开展"厉行节约,反对浪费"专题图片展,"色彩缤纷"儿童画展义卖活动,"青春的色彩"中学生书画作品展,"美丽中国,文明生态"图片展等活动。以图片展览的形式展示学生的创作与成果,引导学生在阅读中启迪智慧,感悟生活。

(10)邀请新东方、银符、CNKI 在线等数据库平台的专家走进图书馆开展数据库使用培训。介绍常用的网络数据库以及如何通过网络数据库搜集参考文献等实用技巧。

(11)在大学园区开展大学生"网络书缘"读书分享交流会,推荐好的网络媒介,分享网络阅读的生活之美。

(12)开展"你点我购"师生点读活动。将师生的阅读需求反馈给大学园区图书馆,图书馆根据实际的情况统一采购,并将信息反馈,通知师生借阅。让更多的读者参与到图书采购中来,提高图书的借阅率,让图书馆成为师生的"大书房"。

(13)鼓励广大师生多阅读,针对"大学园区图书馆借阅排行榜"及"年度百大畅销图书榜"图书或自己喜爱阅读的图书,撰写微书评,以微博形式评出十大"微书评达人"。

三、发展"无墙图书馆"

宁波市数字图书馆是教育、科技、文化三大系统联合组建的,是通过计算机网络服务全市用户的一个虚拟图书馆。它是宁波大学园区图书馆、宁波市图书馆、宁波市科技信息研究院及在甬各高校图书馆的大联盟,通过资源整合、共建共享,为宁波大市提供一站式服务,这在国内尚不多见。宁波市数字图书馆中心门户及其服务与大学园区图书馆高度融合,特色库及其服务与成员馆结合在一起,它们相互依存,不可分离,从而保证了数字图书馆与实体馆长期共存发展。

宁波市自 2009 年启动全民读书月活动以来,至今已成功举办八届。它以

"读书·明智·发展"为主题,以"人人好读书,好书人人读"为口号,坚持"全民关注,全民参与,全民受益"的原则,吸引了诸多市民参与,宁波大学园区图书馆积极参与其中,作为中坚力量发挥其最大能量。

宁波大学园区图书馆与宁波教育博物馆承办的宁波教育文献、市教育局直属学校教育教学成果联展在宁波大学园区图书馆举行。展览分两个部分:第一部分是宁波教育文献展,展品包括校史、校刊、高校学报、市教育局部分直属学校的内部资料四大类,这些文献是从宁波大学园区图书馆特色馆近几年所征集到的五千多册宁波教育文献中精选出来的。第二部分是市教育局直属学校教育教学成果展,展出的是23所直属学校的办学成果,其中普高16所,职高7所,这些学校充分利用新课改的契机,转变学校发展方式,打造特色品牌,提升核心竞争力。通过本次展览,一方面展示大学园区图书馆征集宁波教育文献的阶段性成果,通过有效组织各类读者观展,引导读者关注宁波教育文献,激发社会各界向图书馆捐赠宁波教育文献的积极性;另一方面架起学校与学生之间沟通的桥梁,为市教育局直属学校提供展示学校特色发展的平台,也为广大家长和学生多方位了解学校提供便利。

四、建设数字图书馆

宁波大学园区图书馆的一项重要内容是数字图书馆建设。宁波市数字图书馆是2005年市委市政府列入"一馆三中心"的建设项目;2006年启动前期项目调研和方案设计认证工作;2008年1月,项目建设工作正式全面推开;2009年元旦开通试运行;2009年3月正式向全市用户开放,至今已正常运行7年有余。至今,宁波数字图书馆注册用户已有50万人,其中三分之一为高校师生,三分之二为社会各界人士。网站总访问量达70多万人次,文献下载总量已超过300万篇,用户对文献传递服务满意率达99%。

宁波市数字图书馆由宁波大学园区图书馆承担中心门户网站项目建设工作,其项目包括:中心机房改造工程、中心门户平台硬件和软件建设。目前,中心门户平台整合了宁波大学园区图书馆、宁波市图书馆、宁波市科技信息研究院以及各在甬高校的文献资源。可供检索1.69亿条数据,整合了12个馆藏目录数据库、113个外文数据库、33个中文数据库、4个特色数字文献数据库,包括有516万种中外文图书、1.2亿篇中外文期刊、198万篇中外文博硕士论文、

1541 万条中外文专利、59 万条中外文标准,还开通了国家科技图书文献中心平台等国内外大型文献服务系统。

2009 年 3 月开通的宁波市数字图书馆网站,是宁波市委、市政府决策建设的惠民项目,也是宁波市智慧教育项目建设的重要组成部分,为国内第一个由政府主导的综合性、跨系统的区域性数字文献信息资源共建共享服务平台。该网站本着"服务为导向、需求为目标"的理念,为宁波市区域内的机关、企事业单位及广大民众提供公益性免费服务,为宁波产业结构转型升级、高新技术产业发展、教育科研和地方文化建设等提供强有力的信息资源保障。

在数字资源建设方面,实行国内求全、国外求精的策略,目前,在学术资源中有:"超星"电子图书近 135 万种,每个月有最新电子图书更新上传;国内最大的期刊数据库中国知网,其中包括了学术期刊、学位论文、会议论文、报纸、工具书等各类文献;支持全文检索的《四库全书》电子版;两个国外期刊数据库:EBSCO 和 SpringerLink;经济资讯类的数据库有权威的国研网,医学类数据库有中华医学会、EBSCO Medline 等。近几年更是着力于建设学习类的数字资源,供终身学习使用,包括有超星学术视频、新东方在线、外研社的 iLearning 外语自主学习资源库、正保多媒体数据库(包括中华会计网校的课程)等。国家科技图书文献中心(NSTL)宁波服务站于 2007 年 7 月 10 日批准在宁波大学园区图书馆设立,并在 2007 年 9 月 20 日正式开通,这是国家科技图书文献中心在宁波地区设立的唯一一家网络服务系统服务站,每个宁波读者只需在平台上注册登记就可以免费享受该平台的所有资源服务。

目前该网站可检索的元数据有 6.29 亿条,主要包括中外文期刊、学位论文、会议论文、电子图书、教学视频、专利、标准和少儿多媒体学习库等,并引进国家科技图书文献中心、新东方等国内主要服务平台,为广大用户提供文献资源检索、下载、全文文献传递以及个性化定题等服务。

为不断拓展网站服务功能,2012 年 9 月,开通了宁波市手机图书馆(手机阅读平台),目前共有元数据 40173 万条,有电子图书、中外文期刊、论文、中文报纸等内容,在我的订阅下有书城、报纸、视频、音频(有声读物)、公开课等服务模块,还有 600 多个网站可供用户订阅,宁波 MOOC 课程也在 2016 年 9 月份上线。

随着新媒体的不断应用,目前该网站又开通了微信功能,广大用户可及时了解宁波数字图书馆文献资源和课程资源更新信息、新书在线阅读、相关新闻咨询和公告,优质中文学术资源、云端移动阅读服务,阅读推荐、咨询、虚拟币充值和手机图书馆客户端的下载等常用服务。

五、宁波教育大讲堂

为促进宁波市教育改革发展,全面提升教育质量,加速推进区域教育现代化,引导全市人民理解教育、关心教育、支持教育,宁波市教育局特开设"宁波教育大讲堂",具体组织工作由宁波大学园区图书馆承担。"宁波教育大讲堂"将以宁波教育历史传承、成就贡献、发展改革、借鉴取经、难点突破等为主线,聘请国内知名院校、研究机构、政府部门专家教授,以线下讲座的形式解读最新教育政策、传授前沿教育理念,帮助家长树立正确的教育观、成才观,帮助孩子消减学习、生活、成长中的迷惘与困惑,进一步引领宁波教育发展方向。宁波教育大讲堂自成立以来,已经成功举办了 15 次。

"宁波教育大讲堂"2016 年第六期公益讲座在宁波大剧院举行,宁波市高考志愿填报专家、原市教育局高招办主任夏文老师为现场 1500 多名考生和家长,对高考招生政策进行了解读,对高考志愿填报进行了指导。夏文老师结合多年的工作经验,用细致的分析和生动的案例从 2016 年的政策解读、考生如何填报志愿、考试机构如何投档、高校如何录取等方面分析介绍了招生、录取的政策和工作流程,通过与 2015 年高校招生计划的对比,为广大考生家长介绍了2016 年的招生计划,同时根据多年积累的经验,向家长提出了填报志愿的五条建议。在填报志愿方面,他希望考生参考各种信息,准确定位,剖析自我,并选择合适的专业。他建议广大考生,不但要考虑大学、地域等因素,还需要考虑专业发展方向(如就业、升学等)。讲座中,夏老师提醒家长,选择就业,从某种角度来说就是从选择志愿开始,一个成功的高考志愿填报过程也是考生做出未来人生规划的过程。考生选择与分数相匹配的院校及专业,是个人实现自身规划的必要条件。在填报志愿过程中,考生及家长必须结合自身综合素质、兴趣爱好以及外部环境等多重因素,做出体现个性、关注个人发展的志愿选择。他还提醒要去国外读书的学生,一定要确认对方学校的办学是不是普通高校。在讲座过程中,在场的不少听众不时用手机拍下 PPT 画面并拿笔记下重点。在夏文老师整体讲解后,还有不少考生、家长上前咨询。

六、富有特色的活动

由宁波市教育工会等举办的"知识女性　精彩人生"系列讲座在宁波大学园区图书馆拉开帷幕。首场讲座邀请了上海市妇女干部学校副教授、心理学专家周美珍,作"心理咨询技巧在思想工作中的运用"专场报告。全市20余所高校和中学的近300名教职工代表聆听了讲座。针对学校学生思想教育、学生心理健康教育现状,周副教授从提高学生思想工作和心理健康教育的技巧和水平出发,运用案例,从关注咨询者,与其建立咨询关系;学会倾听咨询者,接受信息;与咨询者建立共情,提供宣泄三方面,阐述了心理咨询的程序和技巧。

为帮助同学们掌握正确的复习方法和复习策略,进一步提升高考复习的有效性和科学性,由宁波市教育局主办,宁波大学园区图书馆、宁波市阅读学会共同承办的"教育名家讲坛"高考系列讲座在宁波大学园区图书馆报告厅举办,本次讲座共举办语文、数学、英语三场,来自全市近1200名高三学生及家长聆听了本次的三场讲座。三位主讲老师在讲座中各显神通。宁波镇海中学的语文教研组长、高级教师王静老师做了题为《"良药"何必苦口——高考英语复习撷谈》的讲座,介绍了语文复习要具备一种思想(联通思想)、三种意识(语境意识、范例意识、身体意识),并列举了大量高考试题与学生进行探讨,系统分析了近五年的语文高考试卷,与学生交流了语文备考攻略。宁波效实中学正高级教师胡建军首先分析了2015年浙江省数学高考试卷的试题特点,结合近5年的数学高考情况,与高三学生分享了"立足教材,构建知识网络;立足经典,整合方法思路;立足本质,提升数学素养"三大高考数学复习策略,受到学生的欢迎。宁波慈溪中学外语教研组组长、高级教师柴松迪老师分别从词汇逻辑、句子逻辑、篇章逻辑、答题逻辑四大方面解析了英语复习策略,帮助学生有效提高英语复习效率。

七、各种阅读推广活动

为促进亲子阅读,培养未成年人的阅读兴趣,宁波市少年儿童图书馆开展了以"享阅读之乐,沐书香之馨"为主题的阅读推广活动。此次活动分别在宁波保利大剧院和宁波大学园区图书馆举办,活动邀请了国内知名阅读推广专家,与家长分享亲子共读技巧,并举行了一系列寓教于乐的亲子活动,有近2600名

未成年人和其家长参加了本次活动。

阿甲老师的"孩子的阅读成长地图——与孩子在快乐阅读中共同成长"、一夫老师的"我们为什么这样讲故事"和"分享阅读分享爱"的讲座,以及宁波江北区小学语文教研员张燕老师"跟着绘本去旅行"的沙龙,都给家长们传授了亲子阅读的技巧和方法。同时开展了"我是小书虫"知识竞猜、春天妈妈故事会、彩梦丛手工坊、欢乐电影等10余项面向未成年人的活动。

宁波市少年儿童图书馆成立5年以来,一直致力于未成年人阅读推广工作,赢得了孩子和家长的认可,得到学校和社会的好评。2015年获得了由中国图书馆学会颁发的"全国十佳绘本馆"和"全民阅读优秀案例"一等奖等诸多荣誉。

另外,借助4月23日世界读书日,阅读这一话题,再次引起人们的关注。宁波市阅读学会联合商报策划组织的"全城共读一本书"的大型阅读活动正式启动,作为宁波市开展全民阅读活动的重头戏之一,期待在全社会营造更加浓郁的书香氛围。

八、针对特殊群体的服务指导

由宁波大学园区图书馆、宁波日报"城事帮办"联合打造的爱心漂流书库始建于2006年。目前,已累计收集书刊近6万册,漂流书刊4万余册,建立"漂流书库"30余个,受惠人次达6万。其足迹遍布山区偏远学校、外来务工子弟学校、军营、企业、外来务工者聚居区……

爱心漂流书库不仅以宁波大学园区图书馆每年1万余册下架期刊作为稳定的来源,而且来自社会和个人的捐赠也在不断增加。全市10余所中学的学生踊跃加盟图书漂流,同学们累计捐赠各类书刊近两万册;宁波日报报业集团团委通过报纸义卖,为漂流书库增添爱心图书5000余册;中宏保险也义捐爱心图书近万册……

在第三届"王应麟读书节"活动期间,爱心漂流书库共募集到捐赠图书9318册,这些图书都来自鄞州区中小学生手中,其中1765册已通过图书馆漂往鄞州区凤岙学校、仁达学校和利民学校等民工子弟学校,50本赠给了鄞州的"青藏高原"杖锡小学的同学们,320册图书随着诺丁汉志愿者支教队伍带往云南、贵州等边远山区。

宁波大学园区图书馆专门为宁波市聋哑学校盲童班的孩子们新开辟盲文

借阅区,让盲童在触摸中感悟书香,从此宁波3.65万盲人有了专门借阅盲文图书的图书馆。

创立于2012年10月的红牡丹书画国际交流社是一个依托宁波大学园区图书馆的公益性文化社团,以中国国花红牡丹为媒,通过向在甬外国友人传授中国书画艺术的形式,致力于对外传播中国传统文化,促进中外文化交流,增进各国人民感情。4年多来,在"红牡丹"里学习过的外籍学员已累计6000余人,这些来自160多个国家的学员包括宁波各大高等校院任教的外籍教师、专家及留学生,还有在甬工作的外籍企业家、商务人员及其家属等,此外,还有海外媒体记者、来访的外国官员、使者等。

九、培训并引领基层图书馆人员

为了提高图书馆员的技能,更好地应战宁波市青年馆员技能比赛,宁波大学园区(鄞州区)图书馆、鄞州区图书馆协会联合举办了图书馆员技能培训班。培训在宁波大学园区(鄞州区)图书馆一楼音乐厅举行,培训班邀请了来自浙江图书馆的专家们,本馆全体馆员以及各县市区的部分馆员参加了此次培训。像这样的培训,大学园区图书馆每年都会举办,通过培训让更多的图书馆馆员提升自身技能。

浙江图书馆原地方文献部主任、研究馆员袁逸和浙江图书馆学会秘书长、研究馆员童庆松两位老师为大家做了图书馆员技能比赛考试大纲的详细解读。《公共图书馆概论》《公共图书馆未成年人服务》《公共图书馆宣传推广与阅读促进》《公共图书馆管理实务》《资源建设与服务》和《公共图书馆信息技术应用》,这些图书馆学的基础理论知识十分重要,但在平时的工作中常常被大众忽略。通过这一次的培训,两位专家老师系统地梳理了这些理论知识,尤其是对重要的考点做了深入的分析与解读,让大家对这些看似宏观而又枯燥的理论课程有了一个更为生动的了解。考试大纲的解读,有助于大家在复习中提高效率,更有针对性。

除了考试大纲的解读外,此次培训课程还包括由浙江图书馆办公室主任胡东主讲的《读者服务理论与实践》和由浙江省图书馆副馆长、研究馆员徐洁主讲的《〈浙江省公共图书馆服务规范〉编制与解读》。读者服务是一项以实践为主的工作,当然更不能忽略理论的重要性,只有将理论与实践相结合,才能更好地为读者服务。而《浙江省公共图书馆服务规范》是在今年 6 月 26 日刚刚颁布施行,徐洁副馆长从服务规范编制的背景、服务规范的内容、服务规范的重要意义和存在哪些不足和问题四个方面,详细地为大家做了介绍。通过对服务规范的深入解读,为大家在以后的工作中指明了方向,更有效地提高服务品质和推进图书馆建设。通过为期两天的集中培训,全体馆员的理论素养有了新的提升,对图书馆学理论知识更加重视,也为以后的学习工作提供了方向性的指导,可谓受益匪浅。

十、反思与建议

图书馆事业的发展将面临新的政策环境、技术挑战、行业要求和时代机遇,今后一段时期将是从传统图书馆向数字图书馆转型过渡、由量变到质变的关键时期,下一代图书馆系统必须能够全面应对从资源到空间、从业务到服务的各种挑战,支持阅读服务、空间服务、知识服务等特色化服务。建立以读者为中心的工作导向,将图书馆建设成读者的学习空间、交流空间、人文空间、主题空间和休闲空间。

在新的技术与信息环境下,无论哪一类型、规模和层次的图书馆都需要直面服务转型和转型变革的挑战。用户是服务的根本,服务创新是图书馆创新的核心。图书馆需要面对用户新的需求,以用户为中心,深入挖掘用户需求,研究用户行为,拓展服务领域,延伸服务空间,加大服务融合,创新服务手段,改革服务评价,以知识服务为目标,不断提升图书馆的空间与文献服务、网络与信息服务、战略与学科情报服务、智库与决策支持服务等方面的能力,重构图书馆新的服务模式与保障体系,增强服务效果,加大服务影响力,提高用户服务满意度,以服务支撑图书馆的发展,以服务创新驱动图书馆的创新,以服务能力重塑图书馆的形象。以数字图书馆建设为基础,全力推进图书馆智能化建设,积极应用"互联网+"技术,全面提高图书馆应用新信息化技术的水平和能力。

阅读推广是图书馆的核心使命。随着阅读推广活动的蓬勃开展,阅读推广的内涵与外延在不断发生变化,唯一不变的是创新。通过创新开展阅读推广活动,培养基层民众的阅读习惯,营造全民阅读氛围。围绕"使命·创新"这一主题,以面向基层的阅读推广为目标,多角度地探讨图书馆的基层阅读推广工作,促进阅读推广活动向基层深入、持续地开展。新技术的应用与改进,将推动图书馆阅读推广向现代化、智慧化和"互联网＋"化方向发展；新实践的培育与推广，对图书馆阅读推广工作来说也将起到拓展视野、交流经验、丰富模式、启迪智慧的作用。

为营造阅读和持续学习的氛围，为市民开启信息与知识之门，支持并鼓励市民实现终身学习，宁波大学园区图书馆在实践文化使命方面继续完善图书馆的服务网络，发展均衡涵盖各类型的馆藏，持续应用科技以提升图书馆系统，贯彻建立"混合型"馆藏和"无墙图书馆"的理念；与此同时，积极与社区各方协作，举办多元化活动以推广图书馆的服务，培养宁波市民的阅读习惯和推动文化发展。

第二节　提升劳动者生产技能

生存和发展才是最原始的普世价值，其基本点就是社区的繁荣和社区居民的现实幸福生活，它是由社区全体居民共同创造的，而掌握基本的生产生活技能是基础。不仅落后地区的居民要掌握生产生活技能，改善和提高生活质量，发达地区的居民也是一样。不断提升的现代化水平，对人的生产生活技能的要求不断提高，也是我们持续开展劳动生产技能培训的推动力。

成人"双证制"培训

一、实施背景

成人"双证制"教育培训是一种把文化科学教育与职业技能培训有机结合的成人教育培训形式。据浙政办发[2008]72 号《关于成人"双证制"教育培训工作的通知》精神，全省每年有 10 万名(其中宁波市每年 1 万名)左右的城乡成年居民通过成人"双证制"教育培训。开展成人双证制教育培训工作可进一步提高成年居民文化水平和就业能力，提升城乡居民整体素质，加快推进学习型社会的建设。

随着工业化、城镇化、市场化的加快推进和经济社会发展的迅速转型，大量外来务工人员涌入城市，为城市的经济社会发展做出了突出贡献。然而，这些外来务工人员的技能水平与文化素质整体偏低,这已严重影响他们的未来发展,阻碍了地方经济的转型升级。

基于此,作为一项市政府财政支持的免费教育、惠民工程,宁波市教育局高度重视新一轮"双证制"教育培训工作,以提升国民整体文化素质为宗旨,重学习、重安全、重督查、重规范、重质量,把工作做得扎扎实实,全面提升务工人员的整体素质,提高他们的生活质量。

二、成人高中"双证制"的概述

成人"双证制"教育培训由技能培训和文化课学习两部分组成。其核心是使分散的各类培训系统整合,纳入到成人教育中去,对技能培训和文化课学习达到一定数量和质量要求的学员颁发相应的成人初中或成人职业高中文凭。其中技能培训各地已普遍开展;文化课学习包括语文、数学、科学、公民道德与法律基础4门必修课程,采用面授与自学相结合的方式进行,具体课时安排建议如下:

表2-1 "双证制"文化课程设置

课程名称	成人初中		成人职业高中	
	总课时数	其中面授	总课时数	其中面授
语文	210	70	300	100
数学	150	50	210	70
科学(高中分设自然科学和社会科学,任选一门)	120	40	210	70
公民道德与法律基础	180	60	180	60
合　计	660	220	900	300

为降低教育培训成本,提高组织工作效率,成人"双证制"教育培训工作坚持技能培训与文化课学习相结合。从2009年起,各地政府部门组织开展的各类技能培训,都将按照成人"双证制"教育培训的工作要求,增加文化课辅导环节,培训结束时将组织学员参加文化考核。宁波市根据外来务工人员的就业需求,开设了一系列技能学习项目,主要有:机械、电工、服装设计、计算机操作、保育员、育婴师、家政服务、烹饪、汽车驾驶、快递员等,基本涵盖了求职所需要的

技能领域。

双证制的学制为 1—1.5 年,学员可在 1—1.5 年内(最长可保留学籍 6 年)修完教学计划所规定的学分。在学习期内,学生按照教学计划完成课程学习,经考试合格,由宁波市教育局颁发国家承认的成人高中毕业证书和相应的技能证书。

三、宁波成人"双证制"培训的路径与机制

(一)加强领导、明确责任,提高培训执行力

1. 制定多层次的教育培训政策

根据浙江省政府办公厅和浙江省教育厅关于开展成人"双证制"教育培训工作的通知精神,宁波市教育局、劳动局、农林局、财政局、总工会等单位在 2003 年就出台了《关于组织开展农民"双证制"教育的实施意见》。2005 年,宁波市委、市政府印发了《关于进一步做好农村劳动力素质培训和转岗就业若干意见》,乡镇、街道也相继制定了配套政策。这些文件政策的出台,为"双证制"工作的顺利进行确立了指导思想和保障制度。

2. 确定专人化的组织管理网络

我市成立了以常务副市长为组长的"双证制教育培训工作领导小组",以农林局、教育局为牵头单位的"双证制教育培训工作指导小组",各镇(街道)成立了以党群副书记为组长,分管工业和教育的副镇长为副组长,各办主任、妇联、团委及成教专干为成员的"双证制教育培训领导小组"。

(二)完善内容,强化实效,增强培训吸引力

1. 特色农业技术培训

各乡镇(街道)成人学校针对当地农业特色,筛选培训项目,形成了海洋、陆地、高山特色农业三类培训项目。

2. 基层管理人员培训

我市开设了四个基层管理人员培训项目:一是农民干部培训,满足青年农民尤其是农村青年党员干部既掌握职业技能又提高综合素质,特别是学历的愿望。二是组织大学生村官培训,帮助他们尽快适应农村基层工作。三是企业中层培训,以熟悉经济贸易法规、市场营销、商务信息、现代管理等知识为主。四是妇女干部培训,创新地将她们纳入成人"双证制"培训规划,以增强农村基层

女干部的政治理论素质和行政能力。

3. 企业职工技能培训

企业职工技能提升培训,主要是把没有取得职业技能鉴定证书的普通工人培养成具有技能水平的初级工,把部分已具备一定技能等级和学历的企业职工,再提升一个技能和学历档次。

4. 外来农民工培训

培训内容主要有三方面:首先是开展法制、交通、计生、方言等方面的知识培训,让其尽快融入当地社会,提升其生存能力。其次是就业能力和技能培训,加强镇、村、企业的沟通与交流,为外来农民工就业提供服务和指导。再次是做好服务业相关知识技能培训,从 2003 年开始,凡持有宁波市暂住证且与宁波市用工单位签订劳动合同的外来务工人员,均能参加免费培训。

(三)整合资源,夯实基础,提升培训软实力

"双证制"培训要深入落实,必须加强乡镇(街道)、村(社区)等基层培训点的建设,形成区、镇(街道)、村(社区)三级网络一体对接,普教、职教、成教"三教联手"的立体化协同,学校、企业、社会团体紧密结合的立体化培训网络。

1. 建立组织,形成网络

为确保"双证制"教育培训工作的顺利实施,以宁波市鄞州区横溪镇为例,镇政府专门成立由镇农业办公室主任为组长,成人学校校长为副组长,各村、社区的相关联系人为成员的"双证制"教育培训工作领导小组,从而形成了纵横沟通、覆盖全镇的教育培训工作网络,为"双证制"教育培训工作的顺利实施提供了组织保障。

2. 宣传发动,组织到位

2005 年,横溪镇成校会同镇农办,在镇区及各村、社区现场设摊,开展"双证制"教育培训的现场咨询活动,与广大农村居民面对面交谈,当面了解农村居民文化知识结构及他们的学习需求。在此期间,还下发了对开展"双证制"教育培训的专业设置的调查问卷 1500 份,回收有效问卷 1153 份。同时,还下发了培训宣传材料 1800 份,使广大村民对"双证制"教育培训有了系统了解,为后续的培训打下坚实的基础。

3. 多方互动,统筹到位

在整个教育培训过程中,横溪成人学校能做到与村、社区紧密联系,定期组

织召开由各村、社区联络员参加的"双证制"教育培训联席会议。镇政府还出台文件,把"双证制"教育工作纳入对村、社区的考核,对"双证制"教育工作开展较好的村、社区、镇政府给予表扬和奖励,充分调动了各村、社区的工作积极性和主动性,确保了"双证制"教育培训工作的顺利开展和全年目标任务的胜利完成。

(四)搭建平台,创新机制,提升培训影响力

1. 开发网络学习平台,创新网络化教学管理

2010 年由宁波市职成教教研室牵头开发了"宁波市成人教育在线学习平台",平台整合了 186 节精品网络课程,其中语文 56 节,数学 36 节,社会科学 46 节,公民道德与法律基础 37 节,其他技能课程 11 节。学员可以进行在线学习,免费享有海量课程资源。

平台还建立了在线学习网络督学机制,平台为每节课设置了三段视频,并插入与本节课紧密相连、由浅入深的三个问题,让学员解答。这种网络督学,有效监督了学员的过程学习,同时,通过学员回答问题的形式让学员进行实时在线自我效果评价,从而保证了网络教学质量。

2. 整合辖区优质资源,打造优秀培训师资库

针对职业学校有一批既具有专业理论知识又有熟练操作技能的教师,普通中学有一批文化基础扎实、热心农民教育的教师,成人学校有一批组织协调能力强、熟悉农村工作的成教干部,宁波市组建了"双证制教育培训师资库",以满足"双证制技能＋学历"的培训学习需求。

3. 采用灵活授课方式,实施学分制管理机制

一是灵活选择授课地点和教学方法,到村、企业、基地办班,便于学员就近学习。二是采用学分折算法解决学员工学矛盾,一门课目学完后能参加文化考核的,可取得相应的学分。同时,技能培训和文化课面授的课时、技能鉴定等级等都能折算成学分输入他们各自的"学分银行",根据最终得分确定能否获得证书。

(五)加大投入,落实经费,提供培训支撑力

构建多渠道的经费筹措机制。宁波市"双证制"培训经费主要来源于两个渠道:一是依靠政府财政拨款作为主渠道,市政府积极加大预算内拨款力度,每年将人均 1400 元的培训经费及时足额到位。二是企业、单位、社区(行政村)出

资的辅助补充渠道。

四、成人"双证制"培训实效及推广价值

(一)培养一批技术技能人才,提高城乡居民整体素质

以宁波市奉化区为例,目前,所辖 11 个镇(街道)均开办了"双证制"班,学员遍布各个部门行业。截至 2010 年 9 月,注册学员达到 5235 名,已有 4532 人取得了成人高中毕业证书及各类劳动技能证书。其中 1080 人成为技术能手或致富带头人,321 人成为农村基层干部,1594 人成为企业骨干。在他们的带动下,每年约有 2.1 万农民踊跃参加各类技术培训。

(二)促进了劳动力转移就业,提高农民整体经济收入

坚持将"双证制"教育培训与下岗失业人员再就业培训、企业职工培训、外来务工人员培训相结合。双证制教育培训有力提升了社会弱势群体的整体素质与技术技能水平,满足了外来务工人员等各类群体的培训需求,适应了宁波市地方经济社会转型发展的需要。

据调查结果显示:2/3 以上培训者认为成人双证制教育培训对自己的职业发展有帮助。参加成人双证制教育培训前,培训者的平均月收入为 2033.9 元,培训后,平均月收入提高到 2318.38 元,提高了 14%。成人双证制教育还起到了"一人受训,惠及家人"的乘数效应:许多家长在一天工作后,晚上依然拿起书本自己学习,让很多孩子重新审视了自己的父母,营造了人人学习、终身学习的良好家庭学习氛围。

(三)扩大教育培训的覆盖面,拓展成教服务经济空间

以宁波市奉化区为例,随着"双证制"工作不断推进,奉化区成校的办学水平和服务能力得到全面提升,11 所成校中已有 5 所被评为省级示范性成校,3 所被评为一级成校。这种全面提升还具体表现为:①更新了服务观念,增强了成人教育的市场化意识,把办学的着眼点转移到以满足社会人才需求为重点的运行轨道上来;②拓宽了服务渠道,通过构建符合当地产业特色和产业发展趋势的培训项目,初步形成了"一镇一校一品"的培训特色;③提高了服务质量,由过分注重经济效益向注重质量和信誉转变,由单一的教学模式向多元化教学模式转变。

大中型企业创建学习型组织

一、研究的背景

（一）终身教育体系和学习型社会创建上升为国家战略

中国共产党第十八次全国代表大会提出："完善终身教育体系，建设学习型社会。"这是继党的十六大和十七大提出建设全民学习、终身学习的学习型社会，《国家中长期教育改革和发展规划纲要（2010—2020 年）》确定到 2020 年"基本形成学习型社会"后，又一次突出强调的国家重大战略决策，是我国实现全面建成小康社会和中华民族伟大复兴宏伟目标的根本保障。认真学习科学发展观和贯彻党的十八大关于完善终身教育体系、建设学习型社会的要求，对于我国教育和经济社会发展具有重大的战略意义。

（二）学习型企业创建是学习型社会践行的核心和基石

"构建终身教育体系，创建学习型社会"已经作为国家一项重要的发展战略被提上日程。创建学习型社会的重要基础是广泛创建学习型组织，包括：学习型机关、学习型企业、学习型社区和学习型乡镇等。其中，创建学习型企业是学习型社会践行的基础和核心。因为现代企业具有组织的特性，是社会中最具活力的组织。企业作为市场的主体，对整个社会变革和社会发展的影响力、辐射力最大，所以，创建学习型企业能够有效地带动政府部门和社区非政府非营利性机构创建学习型组织活动的开展，有效地带动整个社会学习力的提高，对创建学习型社会起到重要的引领和带头作用，从而直接促进学习型社会的形成。

（三）宁波服务型教育体系急需成熟的创建样本以资推广

2008 年宁波市人民政府下发的《关于深化服务型教育体系建设，加快培养高素质应用型人才的若干意见》（甬政发［2008］86 号）文件中提出"启动学习型企业评选活动，每两年评选一批学习型企业，不断提高企业职工的整体素质，增强企业核心竞争力"。

基于此，本课题组根据宁波市经济发展和产业结构的特点，选取了港口业、石化业、纺织服装业、能源电力业、造纸印刷业、保险业、银行业、房地产业、烟草产业九大主导产业，共选取比较有代表性的 10 家大中型企业，开展企业学习组织的创建调研,提炼学习型企业创建的宁波样板,为后续的推广和进一步提升奠定基础。

二、学习型企业的概念

学习型企业的概念最早是源于彼得·圣吉《第五项修炼》中"学习型组织"理论的系统探讨,然而,我国的传统文化和现实国情与西方发达国家之间存在着巨大的差异。我们认为简单移植西方的先进理论和经验,必然会产生水土不服的问题,因此,创建学习型企业,首先必须结合我国的政治、文化和传统,对外来理论进行改造,使其更加符合中国的实际国情。

学习型企业就是坚持以人为本,为员工的发展提供充足的教育培训机会,充分地激发员工的潜能,提高员工的技能和素质,实现企业和个人的全面发展和同步和谐发展。在企业内部构建终身学习(教育)体系,通过理念渗透,制定并完善各种学习激励机制。同时企业在充分挖掘内部教育资源的前提下,应积极地加强同外界各种教育类型、各种教育形式和各类教育资源之间的相互沟通、衔接和共享,积极地开展各种职工教育培训,满足企业员工的终身学习的要求,从而实现企业内"人人皆学、处处能学、时时可学"的目标。

三、企业创建学习型组织的实践举措

(一)建立完善的职工教育培训管理体制

当前宁波市上规模的大中型企业已经构建起了比较完善的企业职工教育培训三级管理体制,为更好地组织和落实公司各项职工教育培训工作打下了坚实的基础。

从组织上看,各级各类组织健全,职责明确。总公司领导(总经理、总裁)负责对培训计划的审核、批复,统筹协调公司各个部门全面配合教育培训工作;人力资源部主导公司的职工教育培训工作,全面负责培训工作的计划、组织、协调、监督、考核等工作;各职能部门(分公司)都有相应的培训部门,负责根据部门需求自主开展部门层面的培训活动,并配合人事部门做好公司层面的培训工作。

从人员配置上看,人员齐全,落实到位。人力资源部门配有专职的培训管理员,专职负责企业的职工教育培训工作,各职能部门(分公司)也有委任的兼职培训管理员,负责上情下达、全面落实本部门教育培训的管理工作。总公司层面配有专门的办公室主任负责帮助公司领导审核、批复各项教育培训计划，做好协调工作。

（二）形成有效的企业教育培训的运行机制

宁波市上规模的大中型企业已经建立起了一套行之有效的的企业教育培训的运行机制。有效的机制可以使教育培训的各项工作严格按照一套制度性框架去实施操作，确保各项培训工作的健康、有序、科学、规范地向前发展。

1. 健全的企业教育培训机制

首先是建立一套企业教育培训的课程开发机制，就是通过前期的员工教育需求调研，来确定第二年的年度教育培训计划，人事部门根据培训计划整合各种培训资源，来决定员工教育培训的内容。这样一种课程开发的机制，能够使培训的内容更加切合员工的实际，提高培训的实效性。

其次是建立一套规范的培训讲师任用机制。当前，宁波市大中型规模企业的培训师资主要是以内部兼职讲师为主，外聘讲师为辅。企业内部关于培训教师的任用具有一套严格的选拔、聘用、考核、奖励制度，从而在很大程度上确保了公司内部各项教育工作对高质量师资的需求。

再次是形成一套严格的培训考核评价机制。培训成果的考核与评价是为了检验员工培训的实效性，考查培训工作是否真正满足了岗位与业务的需要，以更好地改进培训工作。另一方面是为了有效地监督和督促员工的学习行为，促使其更好地端正学习态度，提高学习效果。宁波市大中型企业已经建立起了培训考核的评价机制，评价方式灵活多样，有岗位技能考试、职业资格证书考试、学历文凭取证考试、技术比武、岗位练兵等多种形式。

2. 有效的学习激励机制

良好的学习激励机制能有效地在企业内部形成一种你追我赶的学习氛围，提高员工参加教育培训的积极性。笔者通过调研发现，宁波市大中型规模企业已经构建起了一套学习激励机制，从大的方面看，主要包括自学成才激励机制和培训成果与员工核心利益相挂钩的机制和技能鉴定激励机制。通过一系列的物质奖励和精神鼓励，促进企业员工不断提高学习培训的积极性，有效的学习激励机制是创建学习型企业的强大动力。

3. 广泛的企业内部沟通机制

企业内部沟通机制就是在员工与员工之间、员工与部门之间以及部门与部门之间搭建起一种制度性的沟通平台和桥梁,实现不同员工与部门之间互相学习、成果共享的目标,沟通机制是发扬企业民主,实现团队学习的重要基础。宁波市大中型企业目前已经建立一套企业内部的沟通机制,且沟通的方式多元化,如干部与员工的对话机制、各种形式的座谈会和工作讨论会、各类员工活动、公司网站论坛、金点子工程等。

(三)拥有强大的经费和硬件设施作为支撑

强大的经费支撑是确保企业职工教育培训各项工作顺利开展的前提和物质基础,而良好的教育培训的硬件设施为员工长期参加培训和闲暇自主学习提供了重要的载体和平台。通过调查发现,被调查的 10 家宁波大中型企业,他们都无一例外地在企业职工教育培训上投入了大量的资金,如宁波工商银行严格按照企业职工教育条例中规定的按员工工资总额的 2.5% 提取,2009 年全年共投入各项教育培训费用达到 160 万元,有效地保障了各项培训工作的顺利开展。另外,在调查中发现,这些企业都具有自己专门的培训教室和培训设施,并配有现代化的多媒体设备,为员工学习打下了重要基础。

四、实践成效与推广价值

(一)企业员工素质不断提升

从员工的学历文凭看,企业员工经过企业开展的学历培训,其自身的整体水平已经有了很大的提升。据笔者统计,一线员工的平均受教育年限已超过 12 年,有的企业员工的文化水平甚至已经普及到专科,本科、研究生层次的员工的比例也在逐年提高,如宁波工商银行共有员工 2408 人,其中大专人数 629 人,本科人数 1112 人,研究生人数 58 人,分别占总人数的 26.2%、50.3%、2.4%;浙江中烟公司宁波分公司共有员工 663 人,其中大专人数 181 人、本科人数 68 人,研究生人数 23 人,分别占总人数的 27.3%、10.3%、3.5%。然而,国内外研究成果都已证明:一个人参与终身学习的能力,在很大程度上与其受教育年限是密切相关的。所以,企业员工整体文化水平的提升,为员工终身学习,创建学习型企业打下了坚实的基础。

从员工的职业技能看,企业员工整体职业素养的提升不仅是适应日常岗位的需要,更是提升企业组织整体创新力、竞争力的关键因素,是推进学习型企业创建的重要基础。调查发现,宁波市一批大中型企业通过一系列的职工教育培训,使企业员工整体职业素养得到了很大提升,表现在企业初级、中级、高级职称的人数结构比例不断优化。

(二)企业团队学习的氛围已经形成

团队学习是一个合作性的学习过程,是发展团队成员整体配合能力和提高实现共同目标能力的过程,也是组织通过整合个体的学习,形成蓬勃发展的前进动力的过程。团队学习是实现由员工个人学习到组织学习,进而形成学习型企业的媒介和基础。笔者通过调查发现,宁波市上规模的大中型企业已经开展了一系列的团队学习活动,初步建立了团队学习的平台。学习方式灵活多样,有员工的培训和讲座、班组比赛、读书活动、岗位练兵等,企业团队学习活动的逐步开展,对于提高整个组织的学习力,具有重要的作用。

农科教示范培训

一、建设背景

2013 年中央一号文件首次提出:"鼓励和支持承包土地向专业大户、家庭农场、农民合作社流转。""家庭农场"的概念首次在中央一号文件中出现。随后,上海松江、湖北武汉、吉林延边、浙江宁波等地积极培育"家庭农场",在促进现代农业集聚发展方面发挥巨大作用。

浙江省慈溪市龙山镇农林牧渔业比较发达,2011 年全镇农业总产值达到5.8 亿元,截至 2012 年年底,全镇已注册家庭农场约 200 个,涉及果蔬花木种植、畜牧养殖等,其 4 中蔬果规模农场 34 个,从业人员 330 人。尽管农业生产势头喜人,但高素质农业科技人才十分缺乏,极大地影响了家庭农场的发展。

龙山镇成人学校作为农村现代科技、科学种养殖知识培训的组织传播者,新品种、新技术、新模式为一体的农业示范基地,积极发挥培训、服务引领示范作用,指导家庭农场应用先进农业新技术,引进优质高产新品种,推广种养新模式,有力地推动了当地"家庭农场"发展,提高了农场主的收益。

2012 年,龙山镇"3+1"农业基地被评为宁波市优秀基地,新增国家级无公害基地 1 家,宁波市无公害基地 5 家、名牌企业 7 家、优秀合作社 8 家。1 项技术列入国家星火计划项目。

二、建设的过程及实施路径

通过系统调研,龙山镇成人学校认为:龙山镇的家庭农场要再上一个台阶,必须分层次、分类别进行差异化、个性化培训,引导农场主通过创建农业规模化基地,发展生态高效农业、精品农业、特色农业,吸引高素质年轻人加入到农业生产中来,才能确保家庭农场的内涵有所发展。

(一)以"助"为首,打造立体化终身学习网

1. 点——家庭学习点

学校在各村选择热心家庭为学习点,送报刊、图书、电脑上门,把学习送到村民的家门口。家庭学习点负责人要定时记录,把村民培训要求和技术上的问题记录在册,并反馈给学校。学校年底对各学习点进行考核,对优秀学习点进行奖励。

2. 线——下基层指导

学校加强与各村联系,指导建设村民学校,协助选定村民学校负责人,负责管理村民学校。以加大培训推广力度和提高村民素质为标准,对村民学校进行考评。学校定期下村送教,如开展电脑技术培训、种植技术培训等。每年两次定期培训村民学校负责人,平时进行不定期指导。近三年来,该镇 5 个村被评为慈溪市学习型社区,西门外村被评为宁波市学习型社区。

3. 面——网络覆盖广

打造学员培训信息网上资源库,在各乡村建立电子学习吧,学员可以通过99 学吧、成校网站、电子学习吧了解自己所得的学分,浏览成校开班动态,网上参加网络远程教育。通过学分卡的督促,学员学习自觉性提高了,学校的管理模式也由传统模式向数字化管理方向发展。

(二)以"新"为导,促进农业培训的深度

龙山成校建"三新"示范基地,培植地方品牌,针对区域内农业种类丰富的特点,学校选择养殖、种植等方面的龙头项目进行重点培训。

1. 建立校企合作基地

蔬菜种植、果蔬开发有限公司,农机服务合作社,渔业合作社,杨梅合作社,禽业、大棚葡萄、柑橘协会,水产养殖场等是龙山镇农业生产经营的主要业态。学校根据发展前景和经济效益,选择部分家庭农场为主要扶持对象,通过与市级以上

农业技术部门联系,邀请专家定期指导。经过合作扶持,龙山镇獭兔养殖基地被评为宁波市獭兔新品系育种基地,成为首个宁波市农业(兔业)产业化基地、国家良种兔场;和丰养猪场创建成为宁波市无公害基地、GQP良好农业认证基地和市级优质绿色基地;振慈禽业合作社被评选为"浙江省十佳畜牧合作社""浙江省优秀示范性农民专业合作社""浙江农业科学发展创业创新优秀典范"等。

2. 基地建立突出"三新"

(1)新科学技术

加强农业新技术、新品种、新机械的引进推广。近年来,龙山镇引进插秧机5台、收割机3台、耕作机27台,以及大棚温控仪、水泵系统等。每年引进新品种20多个,并与农技部门合作自主培育优良品系。2011年认证无公害农产品10种,2012年认证无公害农产品12种、绿色食品1种,至2013年全镇共有39种无公害产品。通过基地建设,学员们看到了农业发展的过程和成效,使他们学有榜样、做有示范。

(2)新经营管理

学校建立定期技术培训制度,使基地农户生产管理科学化。每年在基地开展技术、管理等培训不少于6次,聘请市、镇技术员每周1~2次下田检查、指导,促使基地农户严格按照生产技术规程进行生产。对农场人员实行分层培训:管理人员进行创业培训、新品研发培训以及农民信箱、电脑技术培训等,农场工人进行实用技术培训等。目前,龙山镇90%的基地农户获得了绿色证书。

(3)新市场策略

加强与加工企业、农产品市场、超市的合作。针对近年来柑橘销售困难的实际,学校与村、镇政府共同联系海通集团来基地采购,实现了尽收尽销。同时,学校积极推广新品种,努力走品牌化之路,柑橘品种"大芬一号"获慈溪市十大名果一等奖,产品远销全国各地;学校还积极开拓市场,獭兔场、振慈禽业、丰猪场、金农果蔬农场采用直销批发的形式,吸引众多批发商前来收购。当前销售市场网络化,基地也在学校指导下建起网站,在网上发布农产品实时动态,吸引商家。金农果蔬农场在桃子、杨梅、草莓等成熟前通过网络发布信息,吸引宁波等地区的观光客前来采摘。市场扩大后,该农场还开辟了休闲观光农业,设置了钓鱼、烧烤、观光、爬山、农事体验等项目,经济效益大大提高。

3. 推行"3＋1"科普示范基地扶持模式

"3"指3个服务对象:示范基地、农户、家庭学习点;"1"指学校,学校通过培训、送技术送资料下乡等形式,把科技送给农民。

推行扶持模式首先要完善教学条件。学校出资2万元,在延龄獭兔场建立双向视频教室,使教学内容更形象化。同时加强培训,向养殖户送獭兔良种,促进其他养殖户的发展。在延龄獭兔场和发酵床生态猪场各投入5万元左右,作为推广培训所需教学开支。学校还积极扶持小农户,采用先投入、后收益的方式带动其发展,努力扩大其基地规模。金农果蔬基地种植的草莓由于品质佳,市场供不应求。学校引导其扩大经营,去年底向村提请基地面积由30亩增至300亩,并帮助它向农村合作社申请农业贷款,从而扩大了金农果蔬基地的经营规模,提高了种植效益。

其次要引领科研创新。学校引导基地开展多种类的农科教结合项目,以促进农业创新。近年来,龙山镇有十几个项目在市级以上立项或获奖:荣兴兔场的夏季育种皮毛研究获市科技奖,延龄兔场的獭兔良种获省金奖,振慈的黄羽肉鸡节粮技术被列为国家星火项目,甬丰农场的"小松菜"配套栽培技术、甸山农机合作社的油菜免耕栽培技术和水稻工厂化育秧技术、邱王的柑橘品种改进、丰猪场的生态养殖技术与人工授精技术等在宁波市立项。

(三)以"人"为本,丰富农业培训的维度

1. 农业协会参与型培训

及时将中央和地方政府的政策措施、农产品供求信息及质量标准、价格走势、新技术等,通过协会传递给农民。龙山镇渔船捕捞协会成立后,协会组织会员学习法律、政策、业务、行业道德等,以增强成员的业务素质和自律意识。协会积极推广新技术、新经验,做到生产和市场营销有机结合。

2. 农业专家引领型培训

农业专家拥有良好的科研创新精神和丰富的实践经验,邀请专家开展培训,使学员更新观念、掌握新技术,并更好地运用到生产实践中去。

3. 一体全程跟踪式培训

加强产前培训,转变家庭农场的生产内容;强化产中培训,转变家庭农场的生产方式;完善产后培训,扩大家庭农场的生产规模。同时,做好基地科学管理培训、品牌认证和商标注册培训、学历培训、技能培训、高校进修、个性化咨询,并聘请专家开展导师传帮带跟踪指导等,全面提升家庭农场生产人员的素质。

三、实践成效及示范辐射

(一)农技培训迅速转化,家庭农场增效快

选送优秀农场主和年轻农民去宁波高校进修学习,转变他们的经营理念,使他们走上规模化、高效化农业发展的道路。同时,增强其创新精神与竞争意识,丰富其农业专业知识,加强其运用科学技术的能力,不断提升其学习的意识和能力,这样才能吸引高素质人才和年轻人向示范农场集聚。2010年,龙山镇农业总产值达5亿元,2011年增长了13%,人均年收入达14000多元。2011年,龙山镇新增国家级无公害基地1家,宁波市无公害基地5家,三年来引领名牌企业7家,优秀合作社8家。2012年,龙山成校"3+1"农业基地被评为宁波市优秀基地。

(二)三新示范基地引领,乡镇经济越发展

"三新"示范基地对普通农户起到示范作用,促进了全镇农户的发展。近三年内,龙山镇开办培训班20多个,培训人数达到8000人次。通过村级培训、街道级培训,农户培训覆盖率达到70%,培训模式从普通农民、专业技能农民向精英农民递进。

(三)农科教协同促公关,技术创新助飞跃

龙山成校通过"3+1"科普示范农业基地的推动,开展多项农科教结合项目研究,完成多项动物养殖技术的公关突破,立项国家级星火计划项目。

和丰养猪场采用发酵床生态养殖技术,不仅减少了排污,还运用人工授精技术提高了农场效益。延龄兔场新增3200只自动封闭型智能结构笼位,采用湿帘风机控制封闭型结构和饲料加工机组,实现人工授精,培育优质獭兔品种。金农果蔬农场推广大棚技术,引进草莓、猕猴桃新品种,打造观光农业。振慈禽业合作社联合118个农户共同推广技术,其中节粮技术被列为国家星火项目。

轻纺城经营户素质提升工程

一、研究的背景

浙江省绍兴市柯桥区拥有全球规模最大的纺织品专业市场——中国轻纺

城。中国轻纺城如何实现转型升级，轻纺城经营户如何实现二次创业，最关键的是要提升经营户的素质。只有与时俱进，引进现代经营方式，中国轻纺城才能实现整体创新发展。

基于此，绍兴市柯桥区成人教育中心学校坚持与时俱进，于 2008 年 8 月正式启动"中国轻纺城经营户素质提升工程"（以下简称素质提升工程），为中国轻纺城的转型发展提供精神动力与智力支持。

二、"素质提升工程"相关概述

中国轻纺城经营者素质提升工程的培训对象是在中国轻纺城的经商（含境外）人员和愿意参加中国轻纺城经营户素质提升工程培训的轻纺城市民。

中国轻纺城经营户素质提升工程的目标定位为：通过培训，向学员传授现代商务手段、国际商业语言、专业技能和现代经营理念等知识和能力，提高经营管理者的素质和水平，构建中国轻纺城的终身教育体系，为轻纺市场可持续发展奠定良好的人才基础。

素质提升工程至 2016 年 6 月已成功举办十七期培训，每年上、下半年各开办一期培训，平均每年培训达到 2000 人以上。目前已经形成了较为成熟的培训课程体系，还自主研发了实用的培训教材，创建了一支优秀的讲师团队伍。素质提升工程培训成效显著，学员反馈满意度高，为中国轻纺城的转型发展升级做出了应有贡献。

三、素质提升工程的实践过程

（一）政府重视，组织先行

2008 年 8 月，绍兴县教育局和县轻纺城建管委会联合发文《关于"全面启动中国轻纺城经营户素质提升工程，加快学习型城市建设"的意见》（绍县教职成〔2008〕141 号）和《关于成立"中国轻纺城经营户素质提升工程"领导小组的通知》（绍县教职成〔2008〕148 号），提出了素质提升工程的具体要求，明确了工作领导小组的人员构成，为素质提升工程提供了强有力的组织保障。

2011 年 12 月，绍兴教体局和县财政局专门联合发文下达培训专项资金（以后每年一次），以确保工程持续深入推进。

（二）跟进调研，创新管理

1. 组织调研，保障需求导向

及时下市场向经营户征询培训专业设置的建议；每期向学员进行问卷调查，征询学员意向和建议，以调整课程内容。

2. 学员干部，协助培训管理

每个培训班选出班干部（班长、副班长、组织委员），协助培训教师进行培训组织管理。

3. 搭建平台，培育培训文化

创建培训班级 QQ 群、微信群等交流平台，培育优秀的培训文化，集聚正能量。交流平台为培训管理员、教师和学员创造相互交流互动的便捷途径，同时学员还能在群内分享学习的心得和生意的经验，营造了培训班其乐融融的学习氛围，增强了学员对培训班的认同感和归属感，从而增强了学习的吸引力。

（三）不断提升，打造品牌

柯桥成人学校一直注重科研立校，理论先行，在实践中总结，在总结中研究，在研究中进一步提升实践水平。坚持以科研为引领，不断推进素质提升工程的纵深发展：2009 年 12 月，中国轻纺城经营户素质提升工程被评为浙江省社区教育优秀实验项目；2013 年 12 月，中国轻纺城经营户素质提升工程系列教材被评为浙江省社区教育优秀教材；2014 年 6 月，市场经营素质提升系列课程被立为浙江省社区教育优质课程资源建设资助项目，于 2016 年 6 月完成建设。

2016 年 3 月，《中国轻纺城经营户素质提升工程的实践与探索》被评为 2016 年绍兴市职业教育成果一等奖。该项工程受到了浙江省政府郑继伟副省长、教育厅刘希平厅长等领导的高度肯定，被《中国教育报》等多家主流媒体报道。几年来，素质提升工程已成为富有影响力的社会服务"绍兴品牌"。

四、素质提升工程实施的路径与举措

（一）创设培训课程体系

1. 以学习需求为导向，设置培训课程

通过向经营户（市民）开展问卷调查和实地走访，同时通过网络进行"点菜式"预订，最终整合确定了三大类培训课程：一是专业技术类课程（"织物分析""外贸单证"等）；二是贸易语言类课程（"商务英语""外贸韩语"等）；三是基本技能类课程("电子商务""市场营销"等)。课程的设置着眼于经营户在平时贸易经营中的实际需求,希望这三类培训课程能为经营户提供实际帮助。

2. 以运营需求为导向,实施动态化课程

培训课程不是一成不变的,而是会在教育活动过程中不断地拓展深化。随着时间推移或结合学员需求,课程内容将进行不断的动态调整,以适应不断调整的经营发展的需求。

3. 以实战需求为导向,开发培训教材

截至第十七期培训,所设课程已经开发编印了实用有效的中国轻纺城经营户素质提升工程系列教材共 9 册,深受培训学员的喜爱,并且经过不断的积累和提升,该套教材于 2013 年 12 月被评为浙江省社区教育优秀教材。

(二)创建优秀师资队伍

柯桥成人学校充分整合辖区各类优质的教育资源,组建了一支以柯桥区职教中心优秀专业教师为主,以企业一线技术人员、民间高手为辅,以本地高校教师为补充的讲师团队,专业齐全,数量充裕,责任心强。例如"织物分析"教师孙文虎,来自绍兴科旺纺织有限公司,是位专门从事面料设计的一线高级工程师;"面料绣花制版"教师周瑾,是拥有一个制版公司的老板;"外贸韩语"教师娄争臻则是绍兴一个著名韩语培训机构的首席培训师。他们的一线技术及对志愿教育的高度热情,激起了学员对培训的高度关注。

(三)创新培训管理办法

培训采取动态管理的方法,即学员确因有事(工作、应酬等)缺勤 3 次以上,便进行短信联系,鼓励其继续参加培训,仍旧保留其学额;同时接纳中途插班学员,随时为其建立学籍,保留其有效考勤。确定培训出勤率达 60% 为培训结业的必备条件。

五、预期成效与推广价值

素质提升工程从 2008 年 8 月启动以来,每年开办两期培训班,至 2016 年 6 月已经成功举办十七期培训,约 1.5 万人次享受了免费培训。

(一)学习成为他们迫切需求

退役士兵陈炬峰回乡后从零基础起步,学习了织物分析、市场营销、电子商务等课程,现在从事外贸生意得心应手。

张清华、张丽华两姐妹女承父业,以最原始的经营方式和手段做市场交易,学了织物分析等课程后,她们的经营意识有了根本性的改变,对织物的分析也不再是最原始、最传统的"用火烧、用鼻闻"的土方法,现在生意做得风生水起。

(二)学习帮助他们转变理念

经过培训的轻纺城经营户,经营理念及现代经营意识有了极大的提升,都大胆地从相对陈旧的实体店铺经营模式转化成"互联网＋"或实体店铺兼"互联网＋"模式。

(三)学习助推他们成就事业

王军涛是新柯桥人,2006年到柯桥后,与人合作开起了一家门市部,从事纺织品经营。他一边经营一边学习,参加了中国轻纺城经营户素质提升工程的学习班,不但学习了织物分析、染整基础等纺织品经营的必修课,还学习了阿拉伯语。2015年,王军涛已独立成立了一家公司,每当阿拉伯客商上门,他都能熟练地和他们进行交流,贸易做得红红火火。

刘衍生可称得上素质提升工程的金牌学员,不但参加了外贸单证、市场营销、会计基础等专业的学习,还把自己的另一半动员起来,把无人看管的儿子带上,一起进入课堂参加学习。刘衍生说,在轻纺城掌握了纺织品经营的各项技能后,他的生意如虎添翼。

六、主要特色亮点

(一)把准脉搏,迎合需求

席卷全球的2008年金融风暴之后,在日益激烈的市场竞争中,广大经营户经受着严峻的考验,中国轻纺城经营户素质提升工程犹如雪中送炭,推出了实用有效的培训课程,切实提高经营户经营管理的素质和水平,广大经营户都喜称它为"一场及时雨"。精准把握市场需求,正是该项工程坚持八年并持续发展的原因。

(二)创建崭新教育模式

该项工程使教育资源得到了最大化的利用。白天书声琅琅的校园,晚上也不再安静,总是灯火通明,还不时传出读书声,在这里,经营户学员们能习得他们所需要的知识和技能。而培训教师在做好教学培训工作的同时,也在与市场一线的经营户交流中提升了自己的专业技能,真正达到了教学相长的效果。一

个"日校办夜校,一师兼二教"的崭新教育培训模式已经形成。

(三)打造经营户学习圈

每年4月和10月这两个气候宜人的月份,中国轻纺城总会有一片不夜美景;经营户每天晚上都会涌向学校,在这个特殊的晚间学校内学习交流;在QQ、微信社群上,进行学习的分享、生意和生活的互动。这个经营户"十分钟学习圈",正是令人向往的学习型社会的缩影,是市民追求时尚、印象、幸福的坚实步伐。

中国轻纺城经营户素质提升工程为广大经营户(市民)搭建了在家门口学习的新平台,柯桥区成人教育中心学校将通过不断的实践探索,更好地服务于区域经济社会发展,服务于终身教育体系的构建,服务于学习型社会建设,着力提升市民的城市归属感,提升市民对品质生活的满足感和幸福感,为推进"时尚柯桥、印象柯桥、幸福柯桥"建设做出更大的贡献。

农家乐特色社区教育

一、研究背景

九龙湖村位于浙江省宁波市镇海区的西北部,全村占地面积15.7平方公里,是镇海区地域最广的行政村。九龙湖村以境内现有的4A级风景旅游区——九龙湖旅游度假区而闻名遐迩。九龙湖村曾是一个身处革命老区的山中村、贫困村,2005年村里开始发展农家乐旅游,2009年,上级给九龙湖村确定了"打造五项工程、四块基地"的战略部署和"构建一个后花园"的总体工作目标,要求重点推进旅游开发工作。为了引导这个山村更好地发展旅游业,九龙湖村确立了农家乐旅游特色的创业教育。

二、农家乐特色学习圈的实践探索

(一)确立指导思想

坚持以邓小平理论和"三个代表"重要思想为指导,认真贯彻落实中央组织部关于加强农村党员、基层干部科技素质培训工作的意见,不断提升农村党员、基层干部的科技素质,努力提高广大农民的科技致富本领,确保广大干部能够

"精一通二懂三",为实现农业增效、农民增收、农村发展的目标提供有力的智力与技术支持,积极推动农民走科技兴农的可持续发展之路,努力促进九龙湖村的三个文明建设。

(二)组织和制度

2010 年 1 月 2 日,九龙湖村党支部召开会议,成立了九龙湖村农家乐特色社区创建领导小组。领导小组以村党总支书记阮捷为组长,明确了村委班子各项分工,落实责任到人,并任命由上级选聘的大学生村务工作者为具体负责人。

之后,领导小组结合九龙湖村的村情民情制定了《九龙湖村远程教育管理制度》《九龙湖村学习制度》《九龙湖村社区教育工作制度》等相关制度,并针对创建工作召开了专项村班子会议。

(三)教育载体的建设

社区教育以社区学校为载体。2011 年,九龙湖村党总支出资建造了一座占地 300 平方的村民会议中心,内设多媒体会议室、电子阅览室等多种教室。为了增加互动教育,开展户外活动,党总支又出资 200 多万元分别在长胜自然村和横溪自然村建设了村民活动室,增添活动器材 30 余套,并建设了两个标准篮球场和两座露天戏台。村里每年安排 1 万元的专项资金,用于培训器材的添置和维护。

社区教育的另外一个载体是农家乐创业互助会。早在 2006 年,在九龙湖镇、九龙湖度假区管委会与九龙湖村三方牵头下,成立了九龙湖农家乐创业互助会。村里参与农家乐创业互助会的人员达到全村人口的 90% 以上,早期的互助会主要替有志于开办农家乐的村民们包揽办理各类证件、发票的烦琐工作,在后期的社区教育创建工作中,创业互助会更为他们提供了相互交流、共同成长的平台,使九龙湖村的农家乐发展走上健康、良性的发展道路。

(四)特色创业教育的开展

1. 餐饮业

1)加强宣传

九龙湖村党总支特别注重对环境保护以及食品卫生的教育,村里通过广播、张贴标语、板报等形式,不断加强对环保和食品安全卫生的宣传。该宣传为农家妇女转变经营理念,改善现有农家菜馆的卫生条件,提高服务水平,规范农家餐馆经营方法提供了很多帮助。

2）讲座培训与实践培训

为了加强农家乐从业人员对本地旅游资源发展和规划、农家乐旅游知识、旅游接待与礼仪服务、食品卫生、烹饪技术、市场营销、民俗风情等专业知识的了解，提高从业者的素质和技能，村里开展了许多培训。除了举办旅游英语、文明礼仪、客房服务员等培训，还开办农家乐中式烹饪培训和中式面点培训。

2010年4月21日，九龙湖村社区学校联合镇海食品监督管理局举办了关于食品安全的培训，加强农家乐业主对食品安全重要性的认识。8月17日，社区学校针对"五一黄金周"的服务调查显示的村里农家乐餐饮存在服务不到位的现象，召集农家乐业主开展旅游接待、礼仪服务、服务规范、食品安全卫生等方面的餐饮服务知识培训。11月8日，通过征集农家乐互助会成员的意见，加快农家乐菜色的更新，由九龙湖镇妇联和九龙湖风景区牵头举办了农家菜冷菜拼盘制作培训，传授10个菜品的制作方法。12月5日，为提高农家乐经营者的综合创业素质和管理水平，由九龙镇党校牵头，邀请专家对农家乐规模化经营和产业提升进行了经营管理培训。

3）交流学习

为了提高横溪农家乐菜品制作的水平，相互交流经验，2011年2月4日，九龙湖村党总支会同九龙湖村妇代会开展了农家菜大比武。大比武吸引了九龙湖村辖区内的农家乐业主19家，共制作了28个菜品，并且吸引了大量来旅游的游客。

九龙湖村村民还将创业互助的交流学习融入日常生活和经营中，买菜或散步偶遇时，就停下来聊聊，从刀工、菜品到经营心得，都是大家感兴趣的话题。正是得益于村民间学习、探讨的互助精神，村里的农家乐形式不断推陈出新：挖笋、采茶、烧烤、徒步……游客不仅能品尝到地道的农家美食，还能体验活泼质朴的农家生活。九龙湖的农家乐产业不仅办出了规模，更办出了特色。

2. 种植业

1）宣传教育

为了带动当地休闲农家乐旅游产业的大力发展，九龙湖村培育发展"万亩蔬果特色带"，重点培育蔬菜、葡萄、草莓等经济作物。优化农产品品种、推广农业实用技术成为九龙湖成人教育学校培训的重要内容。"九龙湖成校请来的专家在修剪、改良葡萄口味上给了我很多指导，种葡萄心里更有底了。"河头村葡萄种植户李德广说,"注重对农民的培训,能够带出一批掌握现代农业经营模式的农民。"九龙湖成人学校去年组织农村实用人才、葡萄栽培技术、草莓新品种推介与栽培技术等绿色证书培训班,学员达230名;组织蔬菜、草莓、葡萄种植技术,粮食生产等农业实用技术培训13期,730人参加培训。如今,"飞洪"蔬菜、"九龙凰"葡萄和"康得助"草莓等品牌农产品已具备较强的市场竞争力和较好的市场美誉度。"同样的品种,九龙湖葡萄的价格每公斤要比其他地区高出1~2元,每亩增收近5000元。"

2) 外出考察

互助组多次组团参观各地,让村民实地学习成功的经验。农户蒋雅明说:"我到过不少地方学习,比如旅游搞得比较好的奉化、余姚,还上过浙江大学,一位来自中国台湾垦丁的老师亲自给我们讲课,学了不少知识。"同时互助组也组织优秀农民"走出去",走进高校接受水稻种植、农家乐经营等专业教学,九龙湖成人教育学校已连续两年与浙江大学继续教育学院联合举办培训班。

3) 面授技巧,及时办好"田头学校"

邀请著名专家或技术人员面对面地传授科技知识和实用技术,示范场地中专管人员要做好接待咨询、现场示范等辅助工作,以更简便的方法直接解决农户在栽植、养殖中碰到的现实问题。

邮件快递"校厂合一",制定人才培养方案

一、建设背景

对接区域产业发展布局,服务物流企业人才供给。浙江省宁波市鄞州区(以前为"鄞州区",现改名为"海曙区")古林镇依托优越的地理位置,立足宁波栎社国际机场和空港物流园区,全面发展临空经济,壮大临空制造业、临空商务业、临空物流业,全力打造临空型新兴产业平台,加快形成临空型现代物流产业集聚区,进一步发挥空港优势,推动传统物流向现代物流转型,加快推进品质空港城建设步伐,推动古林镇走出一条转型跨越的经济社会发展道路。目前,古林镇已成为很多国内知名物流企业和本地自创物流企业的区域集散基地。

近年来,空港物流、顺丰速运、申通快递、开诚物流、飞达物流等企业都在当

地设立了中转基地和物流配送中心。物流产业的服务功能和经济效益逐渐凸显,成为区域经济发展的又一个有力支撑点。大量从事邮件快递收发的一线员工快速涌入古林镇,成为物流企业最基本的生力军。如何提升这些员工的职业道德素养和技能操作水平,为客户提供最可信任的服务,已经成为物流企业提升竞争力的关键问题。

对接行业企业人才之困,助推技术技能人才成长。古林镇成人学校紧跟行业企业需求,准确定位培养目标和教学模式,提出紧扣地方社会发展需求的培养目标,着力培养服务第一线的职业性较强的应用型技术技能人才。通过深度融合的校企合作办学,在系统调研分析的基础上,由企业提供人才需求标准,学校根据企业的需求标准制订教学计划,双方共同探讨、研究并制定服务性快递人才培养方案。这种"量身定制"的培养模式,主动与市场接轨的教育理念,成为教育主动服务社会发展的新形式,更好地履行了成人教育培养人才和服务社会的职能。

二、邮件快递"校厂合一"培训模式的实践过程

(一)组建邮件快递工作室,构建校企"产教"协同联盟

"产教"协同联盟是技能培训突破自身囹圄,不断创新体制机制,建立深度融合的校企合作和校校联合关系,促进优质教育资源共享,完善专业品质建设,优化实习实训基地,提高人才培养质量,实现职业培训内涵发展的重要载体。

基于此,以行业、企业为纽带,学校与空港物流、顺丰速运、申通快递等知名快递业巨头达成合作意向,携手共同参与组建国际空港快递与货代"产教"协同联盟。组建"邮件快递与货代"培训工作室,由成人学校校长任组长,学校骨干教师任组员。工作室将具体制定培训工作计划,设置培训课程,研究讨论培训工作中碰到的具体问题,制订出切实可能的解决措施,并到实习基地走访,了解第一手资料以便及时调整培训工作。通过协同培训,古林成校提供教学场地与相关课程师资资源,企业则为学员提供实习、实训基地,以确保职业职工培训的效益。

(二)开展精准的企业调研,制定技术技能人才培养方案

学校通过走访调研,获悉顺丰速运对培训的需求最为强烈。通过交流,发现学校的培训方案能很好地和企业培训结合起来,并具有很强的可操作性。为

此,学校于 2012 年 6 月与顺丰速运宁波有限公司签订了为期一年的合作培训协议,计划培训三期共 180 名学员,让他们通过为期一周的脱产培训,提升与物流行业的总体认识程度,提升与客户交流的技巧和货代业务能力水平,并考取技能培训证书。

(三)搭建产教研实践平台,提炼岗位实战教学项目

通过调研,并在专家研讨的基础上,邀请专家指导学校梳理邮件快递及货运代理岗位群,并对岗位群的职责与工作任务进行系统分析,制定相应岗位所需的职业能力,形成培训课程目标,制定《邮件快递与国际物流与货运代理》培训课程标准。

依据课程标准,将该培训课程分为四大模块,17 个教学项目,即货代基础模块,业务操作模块,单证实务模块和纠纷应对模块。在此基础上,设计研发邮件快递与国际货代培训课程模块,引入国际物流 3D 模拟仿真教学软件系统,让学员在理实一体化的技能学习中,提升综合职业素养。

(四)创新绩效化运行机制,提升校企一体化培训的效能

1. 校企双赢机制

市场经济条件下的校企合作要实现多赢,必须确立和遵循互利互惠的机制,才能使校企合作拥有长久的生命力和持续向前发展的动力。就技术、人力、资本等而言,企业能从学校得到什么?学校又能从企业得到什么?回答好这两个问题,才是校企合作的基础。在市场经济高速发展的今天,互惠互利机制越来越重要。

因此,校企合作中认真建立互利互惠机制,才能实现多赢。一旦多赢,主要是三方受益:第一,学校利用企业的场地、管理模式、技术设备和信息等资源对学员进行全方位教育,提升教学水平。第二,学员学到了技能,完成从知识的认知到服务客户技能的掌握,从而更好地指导自己的工作实践。第三,校企双方通过高质量完成政府招投标培训项目,还可以得到政府的培训补助,可利用补助资金扩大学校软硬件设施的投入。

2. 师资优化机制

为了优化培训教师团队,学校采用自培、外培与外请相结合的方法,对进行邮件快递培训的教师通过自培和外培进行知识和技能的专门培训,并定时请企业里的专家来校指导。如此,培训教师的专业知识和操作指导能力得到了明显的提高,为培训工作的正常开展奠定了基础。

3. 绩效考核机制

学校注重培训的现实功能,在平时的工作中,学校应认真做到"四结合",即培训与学员的实际文化水平相结合,培训与学员的从业敬业教育相结合,培训与企业的品牌战略宣传教育相结合,培训与基地实习相结合。培训、学员和企业的各个方面的有机结合,大力促进了学员综合技能的提高。

每期培训结束,学校都会组织一次严肃认真的考试,按照劳动资格证书考试规格,来制定邮件快递合格证书考试细则,落实考试的每一个细小环节。考试采取单人单桌理论考试和一对一的面试(全景模拟实操)方式来规范考核,目的是真正让学员适应以后的工作环境,让培训后的学员可以直接上岗面对客户。

三、实践成效与辐射影响

(一)供给人才红利,解决企业持续发展之困

为企业提供了一种新的一线人才培养思路。古林镇企业职工中外来务工人员的比例呈现逐年上升的趋势,如何提升企业内部外来务工人员的综合素质,让员工依托自身进步获得更高的企业认可和报酬,缓解员工走马灯式的就业状况,让员工安心工作于本企业,并能让自身的发展和企业的发展联系起来,这是企业必须长远考虑的问题。因此,学校的邮件快递培训也引起了其他物流企业的关注,他们通过电话或当面进行咨询,表达了合作培训的意向。从某种程度来说,学校的尝试为企业提供了一种新的员工培养思路。

(二)提升技能素质,实现职工生涯发展之梦

为外来务工青年开拓就业路径,受到学员欢迎。从2016年9月到11月,学校为顺丰速运宁波有限公司培训了180名一线员工,这些员工完成了从对物流行业零认知到学会与客户进行面对面的交流,并顺利完成邮件的收发工作的转变。参加培训的学员一般都是浙江省外来的务工青年,基本都具有高中及以上文化程度,接受能力普遍较高,通过企业文化和职业素养的培训,这些学员更坚定了对物流行业的远大发展前景的认可,更能虚心学习、吃苦耐劳。第一期培训后上岗的学员李大春,第一个月就拿到了3000多元的工资,用他自己的话说,"这是我目前为止领到的最高工资"。

（三）拓展培训项目，增强教育服务经济之力

古林成人学校以邮件快递培训项目为切入点，迅速吸引学员，与此同时，其他培训项目也受到学员的追捧。在邮件快递这一培训项目的带动下，学校组织的养老护理员培训也开始受到学员欢迎，在为期 12 天的培训中，125 名来自乡镇各类养老机构和居家养老服务队的学员通过学习，掌握了护理技能知识，领取了劳动资格证书，部分学员还预订了学校开设的下一年成人高中培训。成人教育服务地方经济社会的功能得到了充分彰显。

第三节　建设和谐社区和家庭

社区教育就是要将教育和学习与健康、卫生活动联系起来，与增加收入和改善家庭生活联系起来，与养殖和种植联系起来，与新技术、手工艺制作和其他生产活动联系起来，并开展保护传统文化艺术和工艺品的活动。这些活动极大地满足了个人的学习需求，并提高了社区和个人的能力和生活质量。

80 后母亲素养工程

一、研究背景

浙江省慈溪市是长三角地区大上海经济圈南翼重要的工商名城，也是中国国务院批准的沿海经济开放区，位列 2015 福布斯中国大陆最佳县级城市榜单第七名。

近年来，80 后父母渐成育儿主力军，80 后怎样做父母这一问题越来越受到关注。慈溪市有近 5 万名 80 后母亲，她们大多是独生子女，普遍面临着育儿、与老人沟通、家庭关系处理等角色障碍，难以有效适应新的母亲角色。

为使 80 后母亲素养工程实施更有针对性，我们对 0～6 岁间的 1200 名 80 后母亲开展了调查，通过问卷调查，系统了解了 80 后母亲的特点：自立能力有所欠缺。80 后母亲普遍对母亲角色转换缺乏心理准备，感觉无法承担教育子女的重任，甚至逃避责任；同时，她们受教育程度较高，接受新生事物的能力强，教

育观念相对开放、民主,舍得为孩子花钱;但育儿由祖辈代养者多,自己单独照顾孩子的仅占 22.3%,只有 14.9% 的母亲能够独立解决教育难题。90.4% 的 80 后母亲希望得到专业人士的指导和帮助,96.8% 的 80 后母亲希望参加家庭教育培训班。除此以外,她们存在着与老人沟通困难、养育经验不足、夫妻感情经营不善、家庭矛盾化解一团糟等问题,亟需培训学习指导。

二、80 后母亲素养工程概况

(一)内涵简介

慈溪市白沙街道社区教育学院(以下简称白沙路社区学院),在系统调研的基础上,开展并实施了 80 后母亲素养提升工程,努力形成政府、社区、学校、家庭"四位一体"的培训机制,探索实施 80 后母亲素养提升工程,全面提升农村母亲的综合素养。

80 后母亲素养工程旨在提升年轻母亲的思想道德修养、家庭教育素养、身心健康素养和科学文化素养。同时,该工程也提供生活艺术与创业技能、社会价值与家庭道德观等方面的教育培训。

(二)保障机制

组织保障。白沙路社区教育学院整合资源,建立政府、社区、学校、家庭"四位一体"的培训机制,构筑部门协作、联盟互动的管理网络,以规范的运作方式来保障培训质量。建立政府重视、财政支持、妇联主抓、学校培训、母亲参与的培训机制,成立 80 后母亲素养工程领导小组,由街道党工委副书记担任组长,建立街道、村(社区)、中小学(幼儿园)三级培训网络,设立 80 后母亲培训基地。

队伍保障。建立由教育专家、讲师团成员、母亲教育志愿者、学员及其家庭成员等共同组成的母亲教育联盟。

机制保障。街道女子学校设计印制各类表册,做好组织发动及街道层面的培训工作;村级女子学校发放市民学习卡,进行学分等级造册,并做好常规培训;各中小学家长负责发放听课证,做好 80 后母亲轮训工作。同时,加大经费投入,建立母亲教育公共服务网络体系,保证每个学员受训 24 学时的培训经费到位。

三、80 后母亲素养工程的实施路径

(一)深度调研,科学规划,开发母亲素养的课程体系

为确保80后母亲素养工程的质量,保证其科学适用性及80后母亲的可接受性,必须开展全面、多方位的调研。其中包括需求方"不同年龄、不同身份、不同性格、不同需求的年轻妈妈"的需求调研,供给方"社区学校、家庭教育工作者及专任教师"的需求调研。

开展80后母亲素养教育的现状调研,了解全国母亲素养教育课程的开设情况,包括课程内容、课时、目标、效果等。通过主体的跟进调研、更新调研和阶段调研,精准对接80后母亲多元、个性、梯度的学习需求,为后续的教学指导方案及课程标准的制定奠定基础,更好地满足80后母亲素养工程教育供给侧改革需求。

基于此,白沙社区学院确定了"三实"即实用、实效、实践的80后母亲素养课程,构建了思想道德素养、家庭教育素养、身心健康素养、科学文化素养四大系列的68个主题的培训内容体系,开展母亲大课堂菜单式培训活动。同时,启动"智慧妈妈与数字化学习"培训活动,提高农村母亲网络自主学习的能力。

(二)精准对接,整合资源,打通多元选择的学习渠道

1. 拓展办学形式,开辟面对面交流学习的空间

白沙社区学院采用定期教学与流动课堂相结合的授课方式,通过举办专家讲座,组织讲师团成员和优秀母亲送教进社区,开展学习论坛研讨、教育咨询服务、亲子互动活动、主题征文比赛等活动,为学员搭建面对面交流学习的平台。三年来,白沙社区学院累计培训孩子在0~18岁的母亲学员4.5万人次。

(1)专家面授讲座。白沙社区学院定期举办80后母亲培训班,邀请宁波市、慈溪市母亲素养工程讲师团专家、优秀母亲典型代表及各行各业成功人士举行家庭育儿、卫生保健、女性创业、家庭人际关系等系列专题讲座,深受80后母亲欢迎。

(2)送教基层学校。社区学院整合社区、学校、家庭多方面的教育资源,营造终身学习的氛围,把母亲课堂设在家门口,组织讲师团成员送教到社区,送教到家庭,送教进家长学校。邀请全国家庭教育讲师团成员、家庭教育专家、优秀母亲现身说法,用一个个生动具体案例和真实可行的方法为学员提供帮助。

（3）学习论坛探讨。通过举办"80 后年轻妈妈育儿心经"家庭教育论坛、母亲教育研讨会等方式，为学员搭建交流学习体会的平台，增强学员与学校、学员与教师、学员与学员之间的交流互动。

（4）教育咨询服务。社区学院联合中心城区博爱幼儿园、浒山街道中心幼儿园及白沙路街道城东幼儿园，打造母亲早教指导站，为她们提供科学、细致、专业的早教咨询与指导服务。社区开辟早教宣传窗，普及和宣传早教知识，分享育儿心得，每周举办一场 0～3 岁婴幼儿与家长的亲子游戏活动，专家亲临现场指导婴幼儿抚触、早期智力开发等相关知识与技能，帮助年轻妈妈顺利实现角色转变。

（5）主题征文比赛。白沙社区学院会同社区（村）女子学校及中小学（幼儿园）家长学校组织了"母亲教育与家庭教育"研讨月活动，举办了亲子阅读讲座，开展了家庭教育主题征文活动。面向街道全体未成年人的母亲征集家庭教育案例、育人经验文章与母亲课堂培训心得体会论文。同时，面向学校与社区教育工作者征集家校共育论文及母亲教育培训讲课稿。白沙社区学院组织专家进行评比，并表彰颁奖，还推荐获奖文章发表在街道党政报《新白沙》和慈溪亲子博客圈中，同时也编写了市民读本《母亲素养工程学员育儿心得汇编》，让更多母亲分享学习的成果。

2. 创新培训载体，打造共享式网络学习的模式

（1）市民学分银行。2009 年 11 月，慈溪市市民终身学习门户网站——"99 学吧"市民学分银行正式启动。白沙社区学院为街道 5368 名 80 后母亲学员注册了市民学习卡，还着力建设了"学在白沙"数字化学习网站。将精选的优质网络课程资源推介给学员，引导 80 后母亲通过自主登录浏览"科学教子""美容健身""家庭健康"等栏目的文本材料，收看"早期教育""青年天地""女子学院"等专栏的在线点播视频，积累相应的学分或积分，获得学习的成就感。

（2）亲子教育博客。白沙社区学院在新浪网上注册了"爱与成长"的亲子博客，不仅介绍最新的培训动态，发布培训信息，还发表学员育儿故事与学习心得，上传名人家教故事与教育文摘。创办"爱与成长"慈溪亲子博客圈，以走进孩子的心灵，播撒爱的种子，记载成长的历程，分享爱的喜悦为宗旨，开通网上报名平台，开设网上咨询专区，开展专题讨论，搭建年轻妈妈与教育专家、学校教师、孩子交流的平台。

（3）优秀育儿网站。白沙社区学院向年轻妈妈们推荐中国家庭教育网、中国母亲教育网、新浪育儿网站、城区中小学（幼儿园）校园网家长频道、慈溪党员干部远程教育网亲子教育频道、市妇联网婚姻家庭与育儿天地频道等优秀的学习网站和栏目，引导开展网上自主学习。

3. 搭建社团组织，开展自主式协作学习的实践

白沙社区学院积极打造基层学习共同体，建立爱心妈妈俱乐部、亲子 QQ 群、农村家庭学习点等自发形成的学习型社团组织，积极开展爱心图书送残疾儿童、育儿经验交流、"99 学吧"视频在线学习，戏曲、健身、读书读报、致富经验交流等自主式协作学习活动。

（三）绩效为本，多元互动，建立造血功效的评价机制

改变传统的单向评价方式，建立绩效为本，多元互动，构建造血功效的评价体系。

（1）建立学员自评机制。通过自我反思、访谈、问卷、论坛、考核并颁发合格证书、表彰优秀学员等方式来检验学员成果。

（2）建立教师考核机制。通过丰富培训内容、创新教学形式、考查实际成效、打破教学常规、引导学员打分等方式，对培训教师进行质量监控，确保培训质量，提升培训的实效。

（3）建立第三方评价机制。邀请宁波教育评估院、浙江省教科院等第三方机构，开展母亲素养工程质量评估。坚持全员监督、全程监督、全面监督，让母亲素养工程在监督机制的制约下进行，确保精品课程建设质量。

四、成果创新与辐射影响

（一）成就数以万计 80 后"合格母亲"

80 后母亲素养工程的实施，引导广大年轻母亲终身学习，提升了年轻母亲的育儿素养，使她们成功地实现了由女孩向母亲的角色转换。2007 年 9 月至 2010 年 5 月，白沙路社区学院以 80 后母亲素养提升工程为主线，开展了系列化、主题式的培训活动，并发放了《母亲读本》、家庭教育书籍等学习资料。80 后母亲素养工程极大地激发了广大年轻妈妈的学习热情，学员的学习态度从开始的被动接受转变为主动要求参加培训，一大批成功的合格母亲正逐渐成长起来。

(二)集聚强大持续社会辐射效应

80后母亲教育活动立足本地实际,开展系列化、主题式的培训活动,引导和帮助广大父母树立了"与孩子一起成长"的终身学习理念。母亲教育培训品牌日渐形成,产生的社会效应日益明显,受到了浙江新闻网、《宁波晚报》《慈溪日报》等媒体的关注,得到了省市妇联、教育局领导的高度赞赏。

课题研究成果获得第八届全国成人教育优秀科研成果二等奖,2009年度宁波市教育科研优秀成果一等奖,宁波市政府第五届教学成果奖二等奖,相关论文在各级各类论文评比中获奖15次,共有8篇论文发表。

80后母亲培训经验在宁波市成教工作者论坛、宁波市家庭教育研究会年会等会议上被作为典型讨论,并吸引了周边县市区妇联、教育局领导及本市兄弟乡镇学校同行来校考察。学校先后获得宁波市社区教育示范街道、宁波市教科研先进集体、2007—2011年度宁波市"母亲素养工程"培训示范点等荣誉称号。

个性化家庭学习点

一、研究背景

浙江省慈溪市周巷镇自2010年底被列入全省首批27个小城市培育试点以来,加大财政投入,扎实推进惠及全民的公共文化设施网络建设;创新活动形式,逐步形成惠及全民的公共文化服务供给体系;加强文化市场管理,发展惠及全民的文化产业。让"镇民"在省小城市培育试点镇的进程中,享受到"超镇民"待遇,文化建设真正助力了周巷由"镇"到"城"的华丽转身。

家庭学习点,是作为全面加强成人教育与社区教育,提升城乡劳动力素质,建设人力资源强市,构建终身教育体系,创建全民学习的学习型城市的需要而出现的学习型组织,是慈溪市在省内率先提出并积极实施农村成校标准化、数字化、个性化的建设工程。周巷镇把家庭学习点建设作为促进社区教育和建设学习型社会的重要载体。到目前为止,全镇已建有90个家庭学习点,其中6个家庭学习点被评为周巷镇优秀家庭学习点,2个家庭学习点被评为市级优秀家庭学习点,并接受表彰。

随着文化建设的不断深入,村、社区居民对文化的需求也与日俱增,他们已经不满足于简单的看报读报,更多的人渴求用电脑去接触外界的更多信息,渴求志同道合的朋友聚在一起弹唱越剧、京剧、绍剧等,渴求有个老师带着大家伙一起打太极、跳健身操、舞柔力球等,渴求有个相对经验丰富的人能带领大家种花养花……于是,各种类型的家庭学习点开始人员爆满。大家把家庭学习点挤得满满当当,但是还是有人想一起加入。村、社区居民这种日益暴涨的学习需求与当前有限的学习资源的矛盾日益凸显。

二、家庭学习点的概述

家庭学习点是指在热心公益事业的农村家庭设立村民学习点,引导村民学习,丰富村民业余文化生活。

个性化家庭学习点是除读书看报之外,在某一个领域有特殊爱好并且影响到很多人关注或能起到效仿作用的家庭,如古玩收藏、戏迷乐园、花卉栽培等。

自 2013 年提出创建个性化家庭学习点这一理念以来,周巷镇社区教育学院通过走访、挖掘,目前已有兰花养殖、古玩收藏、戏曲表演、电声乐队等各具特色的家庭学习点,他们在老百姓业余生活中发挥着重要作用,对社会和谐稳定、建设精神文明意义深远。

三、家庭学习点的实践探究

(一)学校"扶持"家庭学习点,扩大家庭影响

蔡某家庭,是慈溪市周巷镇社区教育学院在 2012 年发现并确立的家庭学习点,并由此开展了一系列相关的扶持工作。这一过程中,有学习点与社区教育学院的联系,有学习点与政府相关部门的联系,有社区教育学院与政府部门的沟通,相互之间联系紧密,随时把遇到的问题进行反馈,把想到的建议进行沟通,将一个普通的家庭学习点发展成为特色艺术团,同时还把高品质的民族音乐带进了乡村。

1. 每周定期活动,被评为 2013 年慈溪市优秀家庭学习中心户

每周一、三、日晚饭后,是蔡某家庭学习点的固定活动时间。这是一户普通的居民家庭,没有宽敞的庭院,但屋子里、院子里坐着的、站着的有 60 人之多,没有喧闹,没有嘈杂,每个人都带着幸福的笑容,把目光聚集在客厅中间的演唱

者身上,和着音乐的节拍,时而低吟,时而拂手移步,沉浸在迷人的音乐声中……

2012年周巷镇社区教育学院发现这个家庭学习点后,先后资助近1万元,帮助蔡某购买了一套可供演出的音响设备和其他道具,并指导规划该家庭学习点从个人自娱自乐到成立文艺队伍、再到有水准的艺术团"三步走"发展方向。这一系列的支持和指导,让这个家庭学习点成员的活动积极性日益高涨。2013年蔡某家庭还被评为慈溪市的优秀家庭学习户。

2. 成立家庭学习点的舒悦艺术团,并多处多次进行演出

2008年夏天,从蔡某家庭添置第一套音响设备开始,便吸引了附近的戏迷到这个家庭过过戏瘾。经过两三年的发展,随着参加的人员越来越多,他们从自娱自乐式的玩票渐渐地向正规化靠拢,不仅添置了演出必需的行头和道具,并且还有专人负责乐谱和安排排练,这样能使每一次活动过程井井有条,时间安排有序。

自从得到镇社区教育学院的支持和指导,蔡某家庭学习点好像插上了飞翔的翅膀,越飞越高,最终成立舒悦艺术团,完成华丽转身。发展生态学理论强调微观系统中各子系统之间的相互联系,蔡某家庭学习点的设立和发展正是这种理论的具体体现。

2013年5月,根据实际情况,蔡某家庭被评为慈溪市优秀家庭学习中心户。2013年11月,为进一步规范参与者的排练演出行为,保持较高的艺术水准,校领导和戏曲队伍骨干进行了研讨,决定成立艺术团,在大家的共同努力下,舒乐艺术团终于成立,并在2014年2月在镇文化宫举行了首场演出,获得了社会各界的赞誉。

如今,舒乐艺术团已小有名气,吸引了不少来自市区,以及周边村镇高水平的戏迷朋友加入队伍,这无疑对艺术团的水平提高和未来发展起着重要作用,成立至今,舒乐艺术团演出场次达15场之多。2016年5月,舒乐艺术团还被邀请去杭州西湖进行演出交流。

(二)家庭学习点搬进学校,扩大学校规模

家庭学习点的代表——张国桥,同时也作为老年代表,发现越来越多的相同爱好者想步入学习点,又苦于没有足够的场所,便把这个情况反映到周巷镇老龄委,该情况立刻引起了老龄委的重视。同时作为周巷镇老年大学的承办单

位,镇社区教育学院也立即对这个现象进行了深入了解和跟进。

经过一次次的深入了解,一个两全其美的方法渐渐浮现在大家面前,那便是在家庭学习点的基础上开展老年大学小班化教学。在发现优秀的家庭学习点的基础上,适当扶持,并把条件适合的家庭学习点搬进镇老年大学,让更多渴求丰富多彩生活的村社区居民能有更多选择,让更多人享受学习。

1. 确定创办周巷镇老年大学天元分校

建筑面积3000多平方米的体艺馆,内含的演艺大厅、舞蹈室、四层大会议室和六个标准教室及所有的室内外硬件设施均可作为周巷镇老年大学天元分校的活动场所。

创办老年大学师资最为重要,办学的成败得失全在此一举。同时镇内也有不少的人才、人力资源,如张国桥本人已经免费开办电脑扫盲班6年,将近200位老年人在他的培训班结业。退休教师许水土重视职业教育工作多年,管理经验丰富。还有退休教师卢泉鸿、太极拳教练许华珍、舞蹈教练曹慧芳等一大批志愿者都乐意为老年事业奉献余热。

2. 广泛宣传,全面发动,顺利推进办校工作

创办镇老年大学天元分校的建议经镇老龄委实地考察,确认此方案切实可行,于是马上委托镇社区学院具体承办镇天元片老年大学事务。2014年伊始,创办"天元片老年大学"的工作在镇社区教育学院的领导下有条不紊地展开。开设健身气功、舞蹈、42式太极剑、门球、中医保健、电脑基础与上网等班级。落实教室、课堂等具体事务,聘请了高级讲师担任主讲教师,制作了招生简章,最终顺利地完成并超额完成了招生任务。课程教育按小班化形式教授,每一门课程每星期上课半天,共两节课程。每位教师都有全学期的教育计划,每节课都有通俗易懂的讲义,学校不设课外作业,不设考试。在整个教学过程中老年学员们学得轻松、学得愉快。

3. 扎实办学,初显成效

老年大学开设的每个班级在每周固定时间开展教学活动,每周1—2次的教学频率,可以方便各学员调整自己的时间参与教学活动又不影响日常生活。学习期间学校还组织学员参加各级各类比赛和演出,如参加镇炫舞大赛、慈溪市太极拳比赛、镇武术比赛等,比赛内容基本囊括了所开设班级的教学内容。平时教师扎实的教学,学员勤奋的练习,让初次参加比赛的学员在各级比赛中

均取得了不错的成绩。如健身气功站点荣获"宁波市健身气功优秀站点"称号，参加镇全民运动会武术比赛，摘得金牌、银牌。一学期结束后的老年大学2014年上半年休学仪式上，各班学员将一台精彩的成果会演展现在大家面前，得到了市内各级领导的高度评价。

（三）学校协同家庭学习点，形成互动机制

互动机制的建立，是社区教育学院和社区家庭之间相互融合的过程，必然会出现一些新的矛盾和障碍，因此，建立相应的长效互动机制可以保证它们三者更好地互动协调发展。

1. 管理保障

管理是指组织中的如下活动过程：通过信息获取、决策、计划、组织、领导、控制和创新等职能的发挥来分配、协调包括人力资源在内的一切可以调用的资源，以实现单人无法实现的目标。慈溪市教育局在近几年社区教育成人教育工作思路中均指出并强调要加强农村社区家庭学习点的建设，周巷镇社区教育学院也非常重视家庭学习点的建设。不仅有专人负责此工作的开展，与家庭学习点负责人建立日常联系，随时了解已有家庭学习点目前的开展情况，同时还随时接收有望建设成为家庭学习点的家庭户的相关信息，并积极开展工作。

2. 经费保障

经费是开展农村家庭学习点活动的基本物质条件，是实现我国终身教育的重要保障。社区教育学院和家庭开展活动，运行"学校 + 家庭"互动机制，需要有一定的经费作为保障。目前已经建立了多元的资金来源渠道，保证"学校 + 家庭"互动机制的运行。其一，学校每年设置家庭学习点专项资金，由镇财政拨款，保证学习点的基本活动能顺利开展。其二，利用社会力量，在一些家庭学习点活动开展中，鼓励家庭主及附近村民自发集资或者无偿为活动开展提供服务，这些社会力量的主动加入，在一定程度上推动了家庭学习点活动的开展，也促进了部分家庭学习点活动范围的扩大。

（四）打造典型家庭学习点，辐射引领全民终身学习

周巷镇是浙江省首批小城市培育试点之一，在由镇向城转变过程中，农村社区居民对文化的要求与日俱增，他们渴求与志同道合的朋友聚在一起分享成果，然而旺盛的学习需求与有限的学习资源间的矛盾日渐凸显，周巷社区教育学院积极推动个性化家庭学习点建设，开发挖掘特色学习型家庭，并在经济上予以扶持,为有相同爱好的家庭搭建平台。

1. 举办花卉艺术展,共同探讨花卉栽培

吴贤洲家是个养花的家庭学习点,因为他善于钻研养花技巧,又乐于同大家分享养花心得,被大家称为小洲老师。有花友不定期地相聚在小洲老师家中进行养花心得交流,小洲老师也经常邀请花友一起到家中鉴赏兰花。

自从成立家庭学习点,在周巷成校不断支持下,小洲的家庭学习点的影响面逐渐扩大,花友不仅仅是周边的几户人家,还有来自慈溪龙山、掌起一带的花友,更有来自余姚一带的花友。在小洲的努力下,在周巷成校的支持下,2015年初在周巷成校举办了一次由80余户养花爱好者家庭共同参展的花卉展,展出花卉种类涉及兰花、蜡梅、多肉植物等多个品种,数量达到数百盆。不仅吸引了周巷及周边乡镇的很多居民踊跃参展,余姚市的一些养花爱好者也加入其中。居民们围着展出的花卉,一边欣赏一边交流,在学习、交流花卉种植经验的同时,邻里之间、养花爱好者之间的情感也随之加深,呈现出一片祥和的文化氛围。

类似这样的花卉展的不定期举行,不仅扩大了家庭学习的活动积极性,还提高了村、社区居民的生活品味,同时也有助于提高他们的生活品质。

2. 扶持成熟家庭学习点,成立农村老年大学

张国桥是个普通的退休老人,但他又是一个忙碌在自己热心的家庭学习点事业上的不普通的老人。他自费出资购买了多台电脑以满足老年伙伴们的学习,这让他的家庭学习点每天都挤满了人。在他的努力下,老年人学电脑的文化需求、打太极的健身需求等传到了镇政府,也传到了周巷成校。在周巷成校和张国桥老人的共同努力下,周巷成校成立了村老年大学,每周定期培训,满足老年人对文化、健身等的各种需求,解决了个别家庭学习点活动场地受限制的问题,也满足了整个镇的老年人终身发展的需求。

党员家庭学习点、花卉家庭学习点、戏曲家庭学习点……周巷镇各具特色的家庭学习点,通过追求自己的精神需要,用爱架起邻里之间友谊的桥梁,用爱奏出农村社区和谐的乐章,以小家庭的进步推动着社会大家庭的进步与发展,让更多的村、社区居民享受到令人垂涎的文化盛宴。

四、取得的成效及推广应用的效果

1. 发展创新

个性化家庭学习点跳出了传统意义中家庭学习的概念范畴,即学习不单单是读书看报,只要是对精神文明建设有所提高的家庭活动,无论在任何领域都可视为学习型家庭,这是对传统家庭学习点的有效补充和进一步发展。目前周巷镇有个性化家庭学习点 5 家,各项活动有序开展,得到社会各界的普遍好评。

2. 参与面广

家庭学习点项目自开展一年以来,举办戏曲演出、花卉鉴赏、古玩品鉴、太极比赛、气功表演、综合演出等 30 余场,观众达两万人次。在丰富市民业余文化生活,推进周巷镇精神文明建设方面起到了很好的效果。

3. 社会影响

个性化家庭学习点建设成果得到了社会和广大媒体的高度关注和认可。《中国教育报》率先以《家庭学习点日益红火起来》为题做了报道,《人民网》《中国教育网》《海内网》《中国网》等各大网站做了转载,对周巷镇教育学校开展个性化家庭学习点的建设与实践经验进行了介绍,在全国社区教育界中产生了较大反响。

4. 推广价值

家庭是社会的基本单元,是社会的细胞,学习是人类永恒的课题。我们所处的时代,是一个快速、优质学习的信息时代,有人说:当今世界,不一定是有权人的世界,也不一定是有钱人的世界,而一定是有心人的世界。发展个性化家庭学习点,对提高家庭综合素质、提升家庭文明程度,对增强社区、城市、社会的文化底蕴,对国家精神文明建设都具有十分重要的现实意义。

家庭式微学校

一、家庭式微学校的背景

周巷镇隶属于浙江省慈溪市,辖区面积 82.59 平方公里,下辖 35 个行政村,6 个社区,常住人口 21.2 万,全年生产总值 93.84 亿元。

近几年来,周巷镇为推进社区教育事业健康持续发展,推动全民学习,推动学习型组织培育做了多方面的努力并取得了一定的成绩,为满足村、社区居民多元化学习需求做出了一定的贡献。

周巷镇大力开展学习型党组织、学习型社区、学习型企业、学习型单位、学习型家庭的创建工作。其中2家企业获得慈溪市级"学习型企业"称号,12家企业获得镇级"学习型企业"称号,5个社区获得宁波市"学习型示范社区"称号,20个社区获得慈溪市级"学习型社区"荣誉,16个社区获得慈溪市"文明村"称号。

周巷镇目前已创建了132个家庭学习点,26个社会文艺团体。当小规模的读书看报、学电脑、太极拳的家庭学习点日渐不能满足村、社区居民的多层次需求时,周巷镇社区教育学院大胆突破,将部分特色家庭学习点在原有基础上发展成以电声乐队、古玩鉴赏、兰花养殖、戏迷乐苑等为主题的家庭式微学校。

二、家庭式微学校的内涵和特征

1. 家庭式微学校的内涵

传统意义上的学校是有计划、有组织地进行系统教育的组织机构,学校教育是与社会教育相对的概念,是受教育者在各类学校内所接受的各种教育活动。

家庭式微学校是相对于学校的概念,是以社会最小单位——家庭为基础,实践社区教育的一个场所。它的活动是家庭主要成员感兴趣,附近邻居主动参与进来的,非营利性的,有一定规模和影响力的活动。它以家庭学习点为基础,扶持有不同需求层次、有一定规模的家庭学习点为家庭式微学校,邀请相关专家和教师对其成员进行相关的帮助和教学。

家庭式微学校是充分满足村、社区居民的多元化学习需求的学习团体,充分满足村、社区居民自发的学习需求,并帮助村、社区居民实现自我价值。

普通的家庭学习点活动内容相对比较局限,一部分活动成员在经历一定时间的活动之后,会对活动内容提出更高的要求,而另一部分成员还停留在原先的活动需求之上,对活动内容的需求层次的矛盾,促使了家庭式微学校这个学习形式的诞生。作为家庭学习点的进一步发展,家庭式微学校是以有特色的家庭学习点为基础,再在社区教育学院的支持、扶持下,逐渐形成具有一定规模的、有一定影响力的、满足村社区居民多元化学习需求的学习型社会团体。

家庭式微学校以家庭户为中心进行操作,可根据规模大小适当扩大活动群体。它们直接面向所有社会团体和个人,并与社会团体和个人进行学习、交流、展示等活动。社区教育工作者不直接参与家庭式微学校的具体活动的开展,但适当时会扶持家庭式微学校的发展,如为家庭式微学校提供活动场地,联系政府为家庭式微学校提供财力、物力的支持等。这些满足了多元化学习需求的家庭式微学校不断破土而出,给社区生活带来无限生机。

2. 家庭式微学校的特征

(1)家庭。家庭式微学校,首先它是一个家庭学习点,它具备家庭学习点的几个特点:合作学习的环境(自由讨论与分享自己的思想与经验),非正式学习状态(随和的气氛,没有压力、自由的学习方式),共同的价值取向(共同感兴趣的),低廉的学习成本。

(2)学校。家庭式微学校,顾名思义,它具备学校的特征。在某个主题内容之下,它有比较规律的活动时间(每周活动几次,哪几天活动),还会邀请专业的教师适当进行指导等。

(3)微。家庭式微学校是一所微学校,它的"微"在于它以社会最小单位——家庭为基础。它的发展是家庭户由内而外的、学习需求层次不断提升、学习需求不断提出和被满足的一个过程。

三、家庭式微学校的建设和成效

1. 扶持特色,学习点蜕变"戏迷乐苑"家庭式微学校

蔡志涌家庭 2008 年发展成为镇家庭学习户。有家庭成员 7 人,夫妇俩均已退休,是标准的越剧迷,他们闲暇之余的娱乐活动就是听戏、看戏、唱戏。

经过两三年的发展,该家庭学习点已经形成了每周三、周日定时定点的有规律的活动。镇社区教育学院先后资助近万元,帮助蔡志涌家庭购置了一套可供演出需要的音响设备和其他道具。随着活动成员越来越多,逐渐形成了一支弹唱合一的队伍。乐器种类逐渐增多,乐队演奏愈加熟练,演唱者队伍逐渐庞大,有时一个晚上都不能轮到一次。

但也遇到了一些发展瓶颈。一些活动者逐渐不满足仅仅在家里演唱,也想有出去表演的机会,但演唱者的表演及唱功能力还有待提高,演奏者的弹奏技巧也需继续进步。镇社区教育学院与该家庭学习点经过多次商讨,最终规划这

个家庭学习点从个人自娱自乐到成立文艺队伍、再到有水准艺术团的"三步走"发展方向。

他们从自娱自乐式的玩票渐渐地向正规化靠拢,不仅添置了演出必需的行头和道具,并且还有专人负责乐谱和安排排练,这样使得每一次活动过程井井有条,时间安排有序。2014 年他们正式成为镇家庭式微学校,有了更宽大的集练习和表演于一体的活动场所,有专门的老师指导舞台表演唱的基本功,有专业老师指导唱腔唱法,参加活动人数更多,活动内容更丰富,活动者能力层次更丰富。

蔡志涌家庭学习点成立家庭式微学校以来,承担镇文化站派发的戏曲下乡10 多次,成员参加附近地市比赛多次获得金奖、银奖,独立承办戏曲专场演出6 场,多次接受镇、市电视电台的现场采访,极大地激发了成员的学习积极性。

2. 扶持典型,学习点升格成分校

2007 年底,张国桥老人用自己的积蓄和子女们祝寿的礼金,创办一个为中老年朋友们摘除"电脑文盲"帽子的电脑培训班,免费义务教学。他购置了 10台液晶电脑、一台投影仪、一台笔记本电脑,还自编了一套适合中老年人学习的电脑教材,办起了电脑扫盲班。几年来,张国桥的电脑培训班先后有 200 多位市民参加。

除了电脑班,张国桥老人还热心太极拳班、健身气功班、门球班的建设,活动人数也逐渐扩大到 20 多人,小小的家庭无法容纳日渐庞大的有自发学习需求的队伍,经多方协调,因其活动队伍多数是离退休老人,最终在 2014 年成立了镇级老年大学天元分校。这个以家庭为依托、学校为平台的家庭式微学校悄然兴起,教务工作在周巷社区教育学院的指导下井然有序地展开。

分校成为老年朋友的"三乐意"场所。自 2014 年下半年,招生 361 人,开设综合班、电脑班、舞蹈班、健身气功班、门球班等,授课学员达 8858 人次。此外,分校还策划、组织了慈溪市、镇级的大型活动,如策划了慈溪市太极拳推广中心的大型比赛并获"组织优秀奖",健身气功站点荣获"宁波市健身气功优秀站点"称号,还成功举办了"家庭＋学校"办学模式成果汇报,获得一致好评。天元分校办成了老年人喜欢的"乐意来、乐意学、乐意教"的"三乐意"场所。

3. 建立互动机制,促微学校规范提高

社区学院与社区家庭相互融合的过程中必然会出现一些矛盾和障碍,建立长效互动机制能保证家庭式微学校规范有序地发展。

(1)指导联络。周巷镇社区教育学院非常重视家庭式微学校建设的指导和管理,有专人负责此工作的开展。他们与原家庭学习点负责人建立日常联系,随时了解已有家庭学习点开展情况,随时掌握可发展为家庭式微学校的迹象,并及时协调或帮助解决家庭学习点开展中遇到的问题,或向有关部门建议反映,促进规范提高。

(2)经费保障。社区教育学院和家庭开展活动必须有一定的经费保障。学校建立了多元的资金来源渠道,保证家庭式微学校的运行。其一,学校每年设置家庭式微学校专项资金,由镇财政拨款。如2014年设置专项资金八万多元,保证基本的活动能顺利开展。其二,利用社会力量自筹或依靠企业主赞助。部分家庭主及附近村民自发集资,添置设施设备,或者免费提供活动资源,义务为活动开展提供服务,三年累计共50多万元。

(3)活动互动。组织活动类型相近的家庭学习点相互交流,形成家庭式微学校,举办成果汇报,组织和参与多种形式的活动,满足学员的学习需求和表现需求。

(4)师资共享。建立师资库,社区学院组织有一技之长的退休教师、专家学者、社会贤达一百多人组成了讲师团和志愿者队伍,并在网上公布,学员需要教师只要在网上点击联络。社区学院定期组织老年教育志愿者的研讨培训,使老年教育更能适应老年人的身心需求。

四、家庭式微学校的启示与思考

人的学习中最重要的一环莫过于发展与现实相和谐的自我。学习过程如若达到发展自我的目的,则其动力应当是由内而生的、由自我出发的,而不取决于外界。在这种学习过程中,即便自我是要被改变的,它也应当先是被理解、被坦然面对的,而不是被压制和忽略乃至控制的。在自我控制更多的非正式学习中,自我得到了尊重,得到了体现,也得到了自然的发展。

家庭式微学校是面对多元化的学习需求而建立的非正式学习的学习团体,它的建设和发展都是建立在自我学习需求的基础上的,它的发展有其必然性,也有可复制性。有合适的土壤,加力社区教育学院合适的培育,家庭式微学校就可破土而出。

力邦"知心姐姐"志愿者团队

一、力邦社区"现实之痛"

（一）社区现状调查

据调查，宁波奉化西坞街道力邦社区是浙江力邦控股集团有限公司出资建造的外来务工人员集中居住区，筹建于 2001 年。2002 年 9 月接收第一批居民入住，社区占地面积 71 亩，建筑面积 3.5 万平方米，目前，社区住着来自全国 20 个省、市、自治区的 2800 余名外来务工人员。其中少数民族居民 202 人，11 个民族，以彝族、苗族、土家族、布依族为主，分别来自云南、贵州、四川、广西等 10 个省、市、自治区。作为一个外来人员密集的小区，存在着诸多问题：社区居民素质偏低，经常打架斗殴、拉帮结派、损坏公共财物、就餐插队，社区年轻人自我封闭、生活方式单一，社区归属感较差，城市融入问题凸显。

（二）居民主要特征

1. 年龄偏轻化，文化程度相对较高

由于受其父辈的影响，迅速成长起来的新生代务工人员，他们初中、高中毕业便远离乡土，进入城市参加工作。力邦社区的年轻人普遍年纪较轻，19—28 岁的占到 75%，平均年龄为 23 岁。与他们的父辈相比，他们的整体文化程度较高，初中及以上学历的占到 52%，高中及以上学历的占到 36%，大学专科、本科学历占到 12%。

2. 土地情节少，城市认同感比较高

同他们的父辈相比，他们中的绝大多数根本没有务农的经历和经验，缺乏基本的农业生产知识和技能。他们向往城市生活，渴望以后通过自己的努力成为城市的一员，自身具有强烈的城市融入意愿。

3. 自我意识强，多元价值追求较高

他们渴望获得一份稳定、有保障、有发展前景的工作，期望享有平等的公民权利与均等化的公共服务，希望获得城市居民的认同和尊重，并拥有良好的城市社会支持网络，希冀得到社会认同，拥有制度化的利益诉求表达渠道。

4. 自身定力差,吃苦耐劳精神欠缺

他们对工作岗位、工作环境、成长空间、社会地位、工资待遇要求更高、更挑剔,他们不再像其父辈那样具有吃苦耐劳的精神,不愿再从事城市低层次、脏累差的繁重体力劳动。对公司的批评表示坚决不能接受,稍不如意便会主动离职、频繁跳槽,自身定力较差。

(三)面临现实困境

住在力邦社区的这群年轻人,他们在城市融入过程中面临诸多现实困境,主要表现在以下四个方面:

第一,职业素质偏低,导致整体就业质量不高。他们技能水平总体偏低,参加技能培训的仅占到就业的30%,接受过中专、职高和技校教育的人只有20%左右。由于自身教育程度和劳动素质的限制,导致他们无法在城市长期稳定就业。

第二,社交的自我封闭,社会支持网络难以形成。繁重的工作,常态化的加班,过于单一的生活,使得他们的人际沟通渠道日趋狭窄,压抑的情绪长期难以倾诉、宣泄,久而久之便会自我封闭,自身的社会支持网络难以形成,归属感严重缺失。

第三,排斥性消极互动,导致自我归属感的降低。现实中的繁重工作带来的时间真空,同事间生人圈子带来的沟通缺失,城市居民排斥性的消极互动,加之亲缘、地缘朋友的时空疏离,导致新生代农民情感处于"孤岛化"状态,对团队、企业、城市均缺乏归属感。

第四,生存习得性无助,导致心理的失落感强烈。在现代城市文化面前,他们一方面渴望努力学习、极力融入,但另一方面自我抵制、习得无道,同时社会排斥、阶层固化所带来的上升与发展机会的缺失,使他们在一次次的无情打击中,心理失衡,难以真正融入城市生活。

二、知心姐姐团队概况

(一)成立初衷

为了帮助力邦社区青年外来务工人员融入城市生活,提高社区归属感与生活幸福度,在广泛调查居民需求的基础上,力邦社区市民学校于2010年5月1日,成立了由力邦社区学校的七名优秀学员骨干组成的"知心姐姐"志愿者服

务团队。（以下简称知心姐姐团队）

（二）工作机制

下设帮困解难、便民服务、学习培训、文体活动、环保护绿等五个小组。知心姐姐由力邦社区工会、共青团、妇联组织骨干分子和大学生村官等组成，开辟了知心姐姐电子信箱和知心姐姐电话热线。通过处理来信、入户面谈、媒体宣传、开展调查和专家辅导这五条渠道，打造沟通高速路，有效实现和外来务工人员的对接。

（三）社会肯定

近年来，知心姐姐团队在宣传教育、学习培训、健全网络、建章立制、帮困解难、促进和谐等方面做了大量工作，为青年外来务工人员创造了一个环境优美、功能齐全、管理有序、民族团结的温馨家园，为此获得全国先进基层党组织、全国文明单位、宁波市民族工作先进集体等荣誉称号，并入选团中央分类引导青年工作优秀案例。

三、建设过程及实施内容

（一）大力宣传，鼓动参与，组建志愿者服务团队

2010 年，力邦社区市民学校首先运用社区的宣传窗、现场见面会、LED 电子屏幕宣传栏，在社区居民中广泛宣传"知心姐姐"团队，鼓励更多的社区居民参与社区焦点问题和推荐"知心姐姐"团队的成员。力邦社区市民学校从搜集并整理的居民推荐表中选出七名优秀学员骨干担任"知心姐姐"。

同时力邦社区学校找出居民集中反映的问题，提交讨论并督促解决，成员确立后，设立知心姐姐工作室，办公地点设在力邦社区学校内。"知心姐姐"团队利用休息日上门或在工作室与居民面对面谈心，发现居民问题，了解困难，做好相关记录。

（二）创新机制，建言献策，系统聚焦居民问题点

设立知心姐姐信箱、知心姐姐电话热线，知心姐姐团队通过系统调研，了解和掌握社区居民的学习及生活需求，聚焦社区居民的问题点。

一是处理来信。部分进城务工青年不大愿意向其他人讲述困惑和隐私，时间一久，容易产生自闭、自卑、偏激等心理问题。设立了"知心姐姐"信箱以后，青年有了倾诉对象，可以通过写信、发邮件或微信留言的方式把内心烦恼和问

题告诉知心姐姐。

二是入户面谈。知心姐姐们不定期走访,到居民家观察生活、学习等方面,分析青年的心理状况和症结成因,为开展有效的心理辅导提供科学依据。

三是与社区广播站、《力邦青年报》合作,开设专题节目和专栏,包括每周一至两期《有困难找知心》节目,还开通了知心姐姐热线,有烦恼有困难的青年朋友,可以通过热线电话向知心姐姐倾诉并得到帮助。社区广播站根据青年的心理需求播出节目。《力邦青年报》开设"知心姐姐回信"专栏,讨论大家关注的心理问题。

四是与社区和谐促进员合作调查。力邦社区每一个楼层都有一名和谐促进员,知心姐姐与他们座谈交流,了解居民情况,做到有问题及时发现、及时解决。

(三)整合资源,加强培训,成就居民生涯新高度

一是开展文化技能培训。对外来务工青年实施优惠或者免费的培训政策,广泛开展菜单式教育培训活动,针对社区的少数民族居民年纪轻、求知欲旺盛,但政治素质不高、文化程度偏低的特点,力邦社区依托辖区业余党校、成人学校、法制学校和民族学校,开设政治理论、法律法规、劳动保障和相关少数民族知识等专题讲座,举办电脑、电工、烹调、酒店服务、家政服务和"双证制"高中文化班培训,逐步提高他们的文化水平和综合素质。

二是实施创业就业帮扶。推出微信招工服务平台,青年通过微信向奉化共青团公众账号发送招工意向,由微信平台回复招工信息,平台自今年5月份开通以来,共收到求职类咨询400余条,均在一个工作日内回复。此外,加大外来务工青年自主创业帮扶力度,三年来针对外来务工青年自主创业提供小额创业帮扶贷款261笔,合计4000余万元,受惠青年986人。

(四)暖心服务,社区融合,增强居民城市归属感

一是打造融合平台,促进群际关系和谐。积极培育共亲交友俱乐部工作品牌,建立外来单身青年数据库,举办千人相亲大会、激情假面舞会等大小活动30余次,开展"我的青春之歌"演唱大赛、"外来兄弟姐妹才艺展示"文艺晚会、"非公企业青年文化节"等一系列的文化休闲活动,丰富外来务工青年的业余生活。

二是建立发展基金,做好青年公益帮扶。成立青少年公益事业发展基金,在外来务工青年中开展"中国梦 青春梦"主题活动,持续推出"千人圆梦"计划和"梦·享"公益包项目,将青年公益力量温暖外来务工青年,活动目前共为

300 余名外来务工青年圆梦 342 例。

三是强化维权服务,深化社区归属意识。扎实开展共青团与人大代表、政协委员面对面活动,组织宁波、奉化两级人大代表、政协委员与外来务工青年进行座谈。建立人大代表、政协委员青年事务工作中心(站),为党政联系基层青年构筑重要渠道。开展特殊青少年群体帮扶教育工作,深化青年维权岗创建,青少年维权联动服务网络得到进一步完善。

四、实践成效及辐射影响

(一)素质提升,居民城市经济融入能力持续增强

通过系列技能培训,共有 200 多人从力邦社区学校举办的为期一年半的"双证制"高中学历培训班顺利毕业。几年来,共举办各类学习培训 250 余期,180 余人参加电大、自大学习,1000 多人取得计算机、烹饪、电工、家政服务、车间与班组管理等劳动职业资格证书。社区居民的整体素质得到显著提升,并且涌现出一批奉化市党代会代表、奉化市十大杰出青年、宁波市十大杰出青年、劳动模范、政协委员、浙江省优秀外来务工青年、十佳基层团干部和共青团全国代表等。许多居民从普通员工走上了领导岗位,从一线员工锻炼成为技术高手,一步一步实现了自己的人生梦想。

(二)生活充实,居民城市社会融入水平稳步提升

通过开展"一元钱一瓶水"捐款、文明宣讲、保护水资源、义务献血等献爱心、讲文明、送服务、做贡献志愿服务活动,篮球、乒乓球、拔河、转呼啦圈等体育文化活动,与当地团员青年的"1+1"结对联谊活动,"小常识"有奖积分活动等一系列社区居民联谊活动,极大丰富了居民的闲暇生活,为社区居民交友融合,搭建了良好的沟通交流平台,社区居民的归属感逐渐增强,居民社区及城市融入度进一步提升。

(三)心灵和谐,居民城市心理融入境况得到改善

设立心理咨询室、心理辅导站,成立"知心姐姐""小陈关爱驿站"等志愿者服务队,邀请党校心理专家、医院心理医师走进社区举办心理学讲座,为社区心理辅导室的工作人员讲解心理辅导知识。主动开展心理咨询、工作介绍、帮困解难等活动,如思想有疙瘩的、婚恋有波折的、生活有困难的,都可以上门来求问解难。

通过一系列的文化讲座、面对面谈心、心理咨询等教育活动,力邦社区青年务工人员的心理开始走出故步自封的心灵藩篱,学会了面对困难,学会了与他人沟通协作,学会了合理调节自己的情绪。这一系列举措不断增强着社区居民的归属感。

睦邻点与教学点融合,打造老人幸福乐园

一、研究的背景

和全国许多社区一样,上海市长宁区新华街道也面临着人口老龄化的挑战,60 岁以上的老年人 1.7 万余人,占社区总人口的近三成,其中,纯老家庭有 2000 多户,独居老人逾千名。对这些独居老人来说,虽然住房舒适、吃穿不愁,但"进门一盏灯,出门一把锁"的现状让他们的生活十分孤独、寂寞,特别是当他们有了病痛的时候,更是孤独无助。

为帮助老年人远离孤独,一项客厅开放计划在新华街道的 17 个社区悄然兴起,这一计划鼓励有条件的独居老人把自家客厅变成社区老年人聚会的睦邻点。从 2010 年至今,新华街道已陆续建起 38 个老年人互助服务睦邻点,覆盖辖区内所有居民区,很多老人走出家门、融入社区,在丰富多彩的活动中重新找回自我价值和曾经的欢乐,也将老年人互帮互助的热情充分发挥了出来。

二、睦邻点与教学点融合对接,打造幸福快乐的三园

作为社区教育三级网络的龙头,长宁区社区学院将终身学习服务由居委教学点向楼宇睦邻点延伸,发展出社区教育三级网络的第四级,发动老年人自愿组合,固定开展学习交流活动。睦邻点与教学点融合成为长宁区以学习丰富老年人精神生活为目标的新举措,使原本沉闷的居住社区迸发了活力,丰富的学习资源不仅大大提升了老年人的生活情趣,更是满足了老年人,特别是独居、纯老家庭老人的精神需求。它已经成为探索终身教育的新载体,探索社区教育服务的新途径,探索社区人性化管理的新抓手。

(一)建立邻里和谐的温馨园

和平居民区健康会友睦邻点的成员,82 岁高龄的赵志华老人身患心脏病、

高血压、糖尿病等多种疾病，子女又不在身边，生活中总是有太多的不便与不安，更是担心心脏病发作时无人知晓。参加睦邻点后，赵志华老人与同楼的周永康、王月珍夫妇结成帮扶对子，并把自家钥匙交给了周永康夫妇。赵志华老人住院期间，周永康夫妇每天都会上门为她家的花草浇水，并检查水龙头和煤气安全。

一次，赵志华老人突感身体不适，无奈之中只能拨打周永康老人的电话，接到电话后，睦邻点负责人顾榕榕老人和王月珍老人赶忙来到赵志华老人家里，陪她去医院挂号、吊水，忙碌了一下午，让赵志华老人深切地感受到睦邻点的温暖，她感慨地说："参加睦邻点之后，自己的后顾之忧没有了，能够放心地享受老年人的开心生活了。"

徐志芳老人80大寿时，睦邻点的老伙伴们一起为他唱起生日歌，祝福他幸福健康；张老伯家的保姆生病了，请来睦邻点的老伙伴、长宁区中心医院退休的裴医生，手到病除，裴医生如今已成为睦邻点老人们的家庭医生；张老伯的爱人因健康原因行动不便，唯一的儿子在海外定居，过年时，睦邻点的老伙伴们结伴到他家相聚，陪他们一起贺新年……睦邻点让老人们结下了深厚的情谊，形成了一个个互帮互助、相互关心、相互支持的大家庭。

在这些温暖的大家庭中，源源不断地发生着一件件温馨、感人的故事。在这里，老人们寻找到了朋友，感觉到了温暖，改变了新型住宅区"鸡犬之声相闻，老死不相往来"的状态，更体会到"远亲不如近邻"的好处，大家都享受到被别人帮助的甜蜜，也都在助人之中感受到心灵的愉悦。在这里，不同职业的退休老人汇聚成一个大家庭，你有困难我来帮，我有资源大家共享，快乐在这里被放大，困难在这里被缩小，老人们共度幸福晚年，其乐融融。

（二）打造慰藉精神的开心园

退休教师周才珍有几十年的教学经验，经常为大家读报讲时事、分析热点问题、传授防火防灾知识，有趣的是她还和大家讨论每年的高考、中考语文试题；长宁区中心医院退休的裴医生不忘提醒老伙伴们注重保健，经常介绍养生保健知识和老年疾病预防知识，每隔一段时间还会把血压计带到睦邻点，为老伙伴们量量血压；擅长厨艺的杨老师总为大家介绍几道拿手菜，还顺便和大家分享一下关于第三代的教育方法；小提琴手张老师每次活动都会为大家演奏一曲，陶冶情操，丰富老伙伴们的精神文化生活……

退休的老人在家待时间长了，经常会感到自己远离社会，是没用的人，不免滋生出许多苦闷来。自从加入到睦邻点，不同职业的老人发挥各自所长，他们找到了精神家园，并从帮助别人中收获快乐，重新找回自己的价值，生活变得充实起来。

睦邻点还以谈心聊天或心理咨询、讲座等形式，为纯老家庭老人，特别是独居老人提供情感交流和心理疏导服务。陈家巷居民区有一位原本足不出户的失智老人，睦邻点的老人们多次上门鼓励这位失智老人走出家门，参加睦邻点活动。如今，这位老人已是睦邻点的常客，与他人沟通的能力也大大提高了。

左家宅居民区创建有心愉、心怡、心感、心悦4个睦邻点。其中心怡睦邻点的成员共有15人，最大的年龄92岁，最小的年龄65岁，平均年龄75岁。心怡睦邻点负责人魏丽玲也已年过古稀，虽然身患多种慢性病，但在她热情开朗、积极乐观的情绪带动下，睦邻点每次活动都是笑声连连、快乐无比。

"我们的活动理念是'快乐空巢、美好生活'，我们深深地感受到'空巢不寂寞，生活更美好'，每次活动之后，大家都在期盼下一次活动日的到来。"一个齐心协力共创邻里和谐的群体，一个快乐温馨没有围墙的大家庭，让心怡睦邻点的老人们时时沉浸在"最美不过夕阳红"的喜悦之中。

（三）打造品味文化的快乐园

在开展居民自助、邻里互助、楼组相助、众人扶助等群众性服务活动的同时，为满足睦邻点老人的精神文化需求，社区学院送课程、送师资、送服务上门，协助睦邻点开展丰富多彩的文化活动。各社区学校的教师和居委会干部带着睦邻点的老人们，一起去静安区文化馆听上海传统手工艺专家高春明研究员的老上海旗袍讲座，了解旗袍的百年变迁，领略旗袍独有的神韵与魅力；一起去参观中国连环画大师贺友直的"老上海360行""弄堂里的老上海人"画展，亲身体验、领略富有特色的民族文化和海派文化。睦邻点的老人对绘画感兴趣，社区学校就请来中国画院高级画师朱璞教授开设画作欣赏讲座，介绍现代西方画派主要代表毕加索的画法特点和风格特色，解答大家观赏毕加索画作时的一些疑问。

番禺居民区百姓家园睦邻点学习团队由24人组成，其中独居3人、纯老家庭5户，平均年龄70岁左右。"过去，我们虽然居住在同一个小区，但是平时大家基本上是大门紧闭、不相往来。"学习团队的老人们说，"如今，我们在精神上有慰藉,在生活上有乐趣,在学习上有目标。在这里,我们谈国事、说家事、叙往事、诉心事;在这里,我们谈饮食、话健康、添新知、增友谊。"

2012年7月,在街道、社区学校、居民区的关心、帮助、指导下,番禺居民区的24位老人走出家门,建立了社区老年人互助睦邻点学习团队,每月集中活动两次,分散活动两次。在活动中,睦邻点充分挖掘社区资源优势,发挥老人各自特长,将娱乐与文化学习相结合,打造了一个以文化学习为特点的睦邻点学习团队。团队活动形式多样、内容丰富,涉及饮食文化、茶文化、影视文化、摄影文化、民族文化、海派文化等,此外还经常开设健康保健、养生课堂等讲座,开展诵读中华经典诗文、学时政等活动。百姓家园睦邻点被评为"2012年度上海市优秀学习型团队"。

"是的,我们身心康健春常在,我们理想的火焰仍在燃烧。融入社区、甘于奉献,促进和谐、以身示教,吟诗作画、歌舞弹唱,寄情山水、休闲逍遥。老年朋友们,我们其实并不老。"正如睦邻点老人自创诗歌中所说的那样,睦邻点让老人们重新融入社会,更加积极面对生活,"如同年轻人那样,朝气蓬勃迈进新时代"。

三、预期成效与推广的价值

(一)发挥社区教育功能,打造新型社区睦邻文化

建设社区居民睦邻点的目的是营造"时时能学,处处可学,人人皆学"的学习型社区氛围,进一步发挥社区教育的功能,提升居民的综合素质,打造新型的社区睦邻文化。在实践中,新华街道逐步形成了开门办学、自主教学的新方法。

活动方式以人文关怀为主。每个睦邻点都凝聚了一批居民身边的老年人,既是熟人,又是邻居,在心理上、情感上的互信度比较高,在生活上、学习上的互助性比较强;日常的相互关系能够更加融洽,便于沟通;生活上的相互帮助更加方便及时,便于接受。活动具有更加适合老年人参与的就近、便利、休闲式的特征,满足了老年人精神和生活的多样需求,体现了以人为本、服务老年群体的人文精神。

活动内容以自主多样为主。每个睦邻点都始终因地制宜、各具特色地开展自主、多元、便捷的活动项目,积极做到在学习上是理论指导的课堂,在精神上是慰藉沟通的纽带,在技能上是切磋交流的桥梁,在才艺上是展示比拼的舞台,

在科普上是知识宣传的阵地。睦邻点建设弘扬主旋律,传播正能量,努力为社区老年人搭建一个提供沟通交流、培养兴趣爱好、增强学习能力、养成科学生活、促进全面发展的良好平台。

(二)针对学习者需求,提供多样化终身学习机会

在每个街道建设 1 所老年学校、每个居(村)委会配备 100 平方米以上老年活动室的基础上,推出了睦邻点与教学点融合的新举措。长宁区学习办系统通过提供形式多样、内容丰富的学习服务,将睦邻点建设成为提高市民素养的学习园地,加强党群联系的服务平台,促进居民自治的有效载体,不仅满足了老年人,特别是独居、纯老家庭老人的精神需求,更为和谐社区建设奠定了坚实基础。

睦邻点与教学点融合的做法扩大了人们对当今时代教育和终身学习概念的理解,展现了教育多样化的方法、途径和内容。这将有助于教育在我国社会中发挥更大作用,促进各行各业开展教育创新活动,促进人们素质能力的提高,促进社会的和谐可持续发展。

睦邻点与教学点融合的做法充分体现了教育的针对性。针对学习者的学习需求,社会各机构广泛提供多样化的终身学习和交流机会,如此教育才能对社会发展起到真正作用。这样的做法不仅对街道具有重要意义,对农村和其他组织也具有广泛的示范作用和启示。比如,针对我国农村广泛存在的留守人群,组织类似的邻里互助小组,县、乡、村提供一定的组织指导,提供一定的技能培训、宣传教育和信息服务等,从而促进留守人群生活更加顺利。

(三)创新老年教育形式,充分激发所有公民潜在能力

新华街道创办老年睦邻点的主要目的和形式不是教育,而是一种社区活动,但这种社区活动包含了非正规和非正式的教育学习,它以这两种方式的结合,灵活地将老年邻居聚集在一起。在这里,老年人之间互为学习资源,通过自助与互助的方式,依靠街道支持和自身力量,共同营造一种氛围,使大家从中受益。这就是世界卫生组织提出的"积极老龄化"的最佳体现。

这种有针对性地开展的老年活动,进一步丰富了我国老年教育的形式与内容。更重要的是,它把教育与社会问题紧密结合在一起,针对老年人面临的现实问题,采取现代教育学习途径——非正规与非正式教育结合方式,缓解了老年生活面临的部分问题,实现了真正意义上的教育服务社会。

这种老年教育的创新,具有深刻的社会意义。它是学习型城市建设的一个典型,深刻体现了学习型城市建设的实质——动员所有人力、物力和财力资源,开创性地充分激发所有公民的潜在能力,将创新或学习置于发展的核心位置。

在建设学习型社会的今天,应该大力提倡这种针对社会需求的教育创新活动,动员社会各界积极创造教育学习氛围,使教育和学习在建设和谐社会和实现中国梦中发挥更大作用。

三大学习共同体

一、研究的背景

1. 契合市民对高品位生活的追求

对浙江省慈溪市各个社区抽样调查发现,在基本的生理、安全需求得到满足后,人们在养生保健、兴趣爱好、技能学习、修身养性等生活品位方面有了更高的追求。根据健身需求、文艺需求、技能需求等不同兴趣需求组建学习社团开展活动,能激发人们的兴趣爱好,使人们学有所用,学有所乐。并且以社区工作室为支点,研究并打造系列专项学习项目,向四周辐射,以点带面,能促进一批各具特色的家庭学习点、学习型社团的形成。

2. 符合全民终身学习的要求

党的十八大报告提出"完善终身教育体系,建设学习型社会",2014年底,宁波市通过了《宁波市终身教育促进条例》,标志着宁波市推进终身教育迈上了新台阶,对进一步推动终身学习,满足全民多元化、个性化学习提供了法律依据。

3. 配合学习型城市建设的需求

2011年6月,慈溪市市委办公室、市政府办公室出台了《慈溪市关于完善终身教育体系建设学习型城市的实施意见》,该意见的主要精神是"通过更新学习观念、改善心智模式,完善从学前教育到老年教育,学校教育到社会教育的终身教育体系,不断增长全体市民与各类组织的学习动力和创造能力,加快形成以学习动力和创造能力为支撑的学习型城市,促进市民的全面发展和慈溪市经济社会的全面进步"。

二、"三大学习共同体"概述

(一)概念诠释

三大学习共同体是指以家庭为中心向四邻辐射而形成具有互帮互学性质的学习共同体,又称家庭学习点;以家庭学习点为中心向社区辐射而形成具有社团性质的学习共同体,又称学习型社团;以家庭学习点为中心向四周辐射形成具有社区教育特色研究、推广功能的学习共同体,又称为社区教育工作室。

(二)内涵透析

三大学习共同体共有的基本特征是合作型、生态型、联动型。其价值在于它是学知识、强素养的加油站,是接人气扬正气的催化剂,是传达党和政府方针政策的传声筒,是全民素质教育的领头羊。其意义在于助推人人学习、处处学习、时时学习,促进社区教育回归社会,实现社区教育重心下移,形成"人人皆师,人人皆学"的学习风尚,对改变乡村陋习,提升全民终身学习的热情具有十分重要的作用。

(三)结构剖析

家庭学习点辐射到社区内外,具有一定规模可形成学习型社团,社团可反哺家庭学习点。家庭学习点与学习型社团通过提升内涵创建品牌可形成社区教育工作室。社区教育工作室可指导、服务家庭学习点及学习型社团。三者可互相转换又可融为一体并能协同发展。

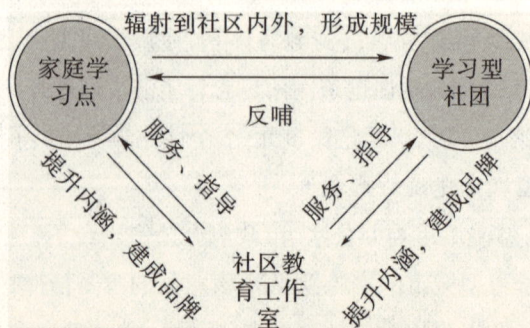

图 2-1 "三大学习共同体"结构图

三、三大学习共同体实践探究

(一) 跟踪调研"三大学习共同体"的价值导向

1. 共同的价值取向

"三大学习共同体"践行终身学习的价值取向,以活到老学到老为宗旨,调动各个年龄层次的社区居民参与学习,以达到共同促进、丰富生活、提升人文素养的目的。

"三大学习共同体"中的学习是指大学习,不仅包括崇尚求进为主题的学习活动,还包括形式自由、彼此交融的各类学习,这是社区居民信息交流的窗口,个人才华得以展示的舞台,也是助推文化传播的通道之一。

2. 共同的兴趣爱好

"三大学习共同体"汇聚社区居民,其核心是共同的兴趣爱好。兴趣是最好的老师,所以依靠兴趣,社区居民能克服一些实际困难,积极调动主观能动性,充分发挥学习潜能,激发学习热情,拓展学习时空。

3. 共同的群体分类

根据功能特色设置相关活动,比如太极拳,戏曲、书画等,以满足社区居民自愿、便捷参与的原则,结合不同年龄层次社区居民自身特点,主动加盟到家庭学习点、社团、社区教育工作室中参加多种形式的学习。

(二) 分类明确"三大学习共同体"的目标需求

1. 合作型学习环境

学习共同体成员遵循自愿原则,保持互动合作,共同探索,展示活动,促进交流,形成书稿益于借鉴。在建设过程中,对活动方案进行合作式探究,共同制定,奉行边活动、边学习、边调整、边提高的策略;对于活动过程中出现的问题及需要完善的方案,采取针对性研讨;对于学习共同体之内家庭、社团、工作室采取定期互动、集中展示的方案,彼此分享推进经验,以形成更为广泛的合作联盟。

2. 多样化学习方式

"三大学习共同体"学习方式呈现多样化。一是通过社区教育工作室开展

项目学习,主要以集中培训的方式开展。项目内容主要有农田作物增产技术指导、居民生活技能提升等。二是通过家庭学习点、社团组织方式开展,活动负责人既是学习共同体的组织者、引领者,又是活动的参与者、示范者。学习方式相对自由,氛围随和,时间安排灵活,设施设备因地制宜,并且依据慈溪市终身学习网(99学吧)的数字学习资源,学习成本相对低廉,符合市民学习的实际需求。

3. 渐进式学习拓展

"三大学习共同体"学习拓展过程具有渐进式的特点。起初以自发为主,形式相对松散,活动内容、主题不够丰富,数量有待增多,质量有待提升。为此,慈溪市教育局出台了相关文件,全方位发动,共建了一批特色共同体,并规范其运作过程,设定以下目标:一是在数量上进行有效扩展,家庭学习点从原先的星星点点扩展到现在上千个,社团组织由原先10个左右扩展到上千个,社区教育工作室由5个增加到19个。二是在质量上进行品质提升,引导规范发展,创建品牌。其中家庭学习点涌现了周巷镇小周之家、掌起镇任永江、龙山镇龙头村陈增荣等34个典型特色家庭学习点(详见"三大学习共同体"文集《走进学习型社团》);2014年底,慈溪市家庭学习点被全国成协评为2014年全国"终身学习活动品牌";社团组织涌现出观海卫太极拳、浒山街道浒西社区"华龄乐学"书香文化读书会、宗汉街道江东村剪纸社团、坎墩街道坎东村越剧力等共计38个特色社团(详见"三大学习共同体"文集《走进学习型社团》);社区教育工作室涌出了庵东邵登高心理工作室、龙山惠农服务工作室等19个品牌工作室(详见"三大学习共同体"文集《走进社区教育工作室》)。

(三)清晰指明"三大学习共同体"的运行路径

"三大学习共同体"建设过程中遵循了以下三大原则:一是公益导向。宗旨是采用政府购买服务的方式提升市民技能素养,凝聚人文精神。二是示范带动。其领军人物能发挥示范辐射作用,能吸引周边群众广泛参与。三是务实创新。其目标是要打造慈溪市终身教育,建设和谐社会的主阵地。"三大学习共同体"活动内容通过开展种植、养殖等各类行业交流活动,提高致富能力;开展读报读书、戏曲文娱等活动,丰富群众业余生活;探索信息技术,开展各类线上线下学习,提升人们学习能力,做到与时俱进,并明晰运行路径。

1. 项目引领

以社区教育工作室为核心,通过课程建设、教材开发、课题研究,以实验项目推进并深化学习共同体建设,深化学习共同体建设。

2. 协同推进

坚持实际,立足区域特点,因地制宜,尊重传统习惯和风俗,形成各具特色的文化传播模式。开展学习共同体建设,允许有差别,提倡多元化,不搞一刀切。一是互相学习,协同发展,在建设发展过程中,把家庭学习点作为一个基本平台,通过展示、评比创建一批示范型学习点,为学习型社团及社区教育工作室提供创建范本。二是以点带面,转换发展。家庭学习点壮大可以发展为社团组织,通过品牌创建可以形成工作室,形成了以家庭学习点为核心向社团、工作室发展的建设模式。三是互相融通,变化发展。家庭学习点、学习型社团、社区教育工作室之间根据人员规模、学习地点、学习内容等变化情况,三者互有融通,相互转换。

3. 资源互享

注重资源共享、活动引导,实现"三大学习共同体"线上线下资源融通,具体做法:一是实现网络资源共享,每次活动通过双向视频记录过程进行共享。二是创建资源共享,通过树立典型,创建品牌,形成三本学习共同体文集,整理三大学习共同体的创建途径、特色亮点、具体做法,实现共建共享。三是建立电子资源与实体资源之间的有效通道,各校图书馆中引进电子图书室,扫一扫可下载网络书籍,并结合原先布置的书籍、报纸杂志,进行整合。

(四)创新实践"三大学习共同体"的活动策略

1. 以家庭学习点为基点,倡导特色享学

浙江省慈溪市在探索构建农村家庭学习点过程中,逐渐形成了"三进三出"模式。"三进"是指一进家庭,二进角色,三进主题。即家庭学习点建设以社会最小单位——家庭为基础,立足基层,进家庭,让广大农民群众根据个人兴趣爱好,参加活动;进主题,交流生活,交流工作,谈理想,谈心得,每位参与者或引领者,都在平等交流中,碰撞思想,进入共同学习者角色;"三出"是指一出现家庭,邻里和谐;二出现学习共同进步;三陋习减少,出现好的习惯。

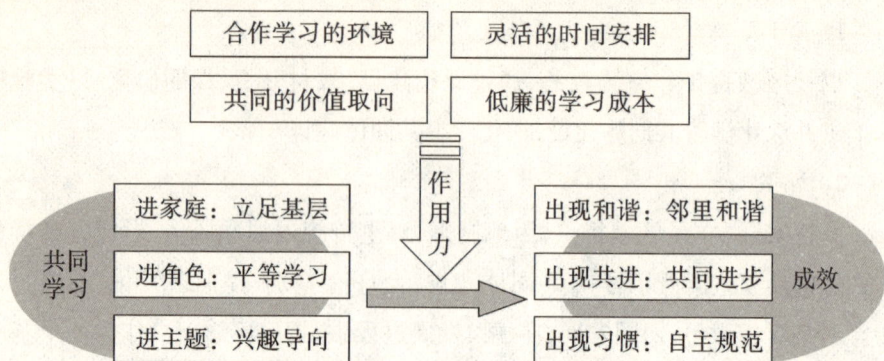

图2-2 家庭学习点的"三进三出"模式

2.以学习型社团为活动点,统筹激趣乐学

社团的区域性相对来说比家庭学习点地域更广,但基本上还是以村、片区、小居等同一单位居多。社团活动具有相当的灵活性,时间场地上相对机动灵活,社团活动的另一个特性是每次活动参与人数的不限定性,比如活动开展在广场、公园这类开放性场地,则能吸引周边群众的参与。社团活动组建及开展需注重如下措施,统筹激趣,乐学群众。

(1)统筹安排,建立社团活动中心。慈溪市各社区教育中心专门开辟了一个社团活动中心,联合各乡镇的社会团体、协会组织等公布上墙。社区中心的教师做好联系工作,对接各村社团组织者,专人负责,全程参与。各社区中心与社团负责人共同完善社团章程,内容包括活动宗旨、入会条件、会员权利义务、会员管理考核制度等,为各社团和谐发展,有序开展活动提供软硬件保障。

(2)因地制宜,提供活动场地保障。因社团活动的丰富性、多样性,所以活动开展对活动场地有一定要求,不同的社团要求的场地有所不同。比如书画室一般要有一定面积,具有特色,能进行一定布置;再比如开放性场地的使用也要联系相关部门进行协调。

(3)挖掘人才,选择社团领导团队。创建多个品牌社团需要打造一支有能力、有特色、有领导力的社团负责人团队。社区教育学院要联合各街道、村多方物色人才,比如龙山社区教育学院通过了解,挖掘了退休教师陈增荣,他不仅是一位门球、戏曲爱好者,更是一位桥牌能手。他负责了村民学校桥牌工作,还兼任全镇桥牌协会会长。通过他的广泛发动,从老年大学学员到村里妇女,从龙山片到三北、范市片,经常组织活动,切磋牌艺,在各级桥牌比赛中多次获奖。

(4)以赛促建,培育社团活动品牌。各乡镇众多协会每年都会有专门的赛事,社区教育中心学院在每年组织展示活动前,会对社团活动进行赛事评比,选择一批具有特色的社团进行展示,以赛促建,培育社团活动品牌。

3. 以社区教育工作室为站点,引领区域共学

2012 年 3 月,慈溪市第一批五个社区教育工作室成立(详见表 2 – 2),以区域活动结合社区工作室特点开展务实活动,工作室主打品牌项目,具有延续性,形成了心理咨询队伍建设、地方戏曲文化探讨、女性自我成长、母亲素养工程、企业文化培育的特色项目。

表 2 – 2　第一批社区教育工作室一览表

名称	负责人	单位	主要项目
文庆工作室	潘文庆	庵东成校	心理咨询队伍建设
建余工作室	沈建余	坎墩成校	地方戏曲文化
亚波工作室	王亚波	逍林成校	女性自我成长
沈宁工作室	沈　宁	白沙路街道社区教育学院	母亲素养工程
顺林工作室	余顺林	观海卫镇社区教育学院	企业文化培育

2015 年,社区教育工作室为推进项目建设,申报了一批浙江省、宁波市的实验项目,文庆工作室申报的实验项目《农村社区本土化心理志愿者队伍建设的实验》,成功立项了 2016 年省社区教育实验项目;建余工作室申报的实验项目《利用地方戏曲开展"三促二拓"社区教育的实验》、亚波工作室申报的实验项目《构筑社区魅力女性自我成长驿站的实验》,均立项为 2015 年宁波市社区教育重点实验项目。

四、"三大学习共同体"的品牌引领辐射

1. 特色项目的引领作用提高

根据区域特色和市教育局整体规划,慈溪市形成了一批适用群众的特色项目,龙山的家庭农场、观海卫的卫城文化、崇寿的 E 点电子商务、桥头的青瓷文化、胜山的大学生志愿服务队,这五个特色项目成功立项了 2013 年全国实验项

目,前三个实验项目被宁波市评为优秀实验项目,并推荐到全国。通过这些特色项目引领并创建了一大批品牌学习共同体,带动了全市 19 所成校开发出各具特色的实验项目,如观海卫传统文化的传承者徐忠达家庭学习点、观海卫太极拳社团、桥头镇烟墩村群艺演唱队等。

从 2010 年起,慈溪市职成教教研室和社区指导中心每年均要求各校申报至少一个实验项目开展研究。慈溪市教育局对"三大学习共同体"的推进建设作了整体谋划,在前期基础上进行收集与整理,分年度重点跟进,于 2014 年重点推进家庭学习点建设,2015 年推进学习型社团建设,2016 年推进社区教育工作室建设,并于 2014 年汇编走进家庭学习点,2015 年汇编走进学习型社团,2016 年汇编走进社区教育工作室。

2. 品牌活动的示范效应提升

一是通过家庭学习点、学习型社团的成果展示,提高学习共同体的知名度,扩大影响力。慈溪市每年选择 5 个成教集团开展一次大型展示活动,各个成教集团根据情况组织一到两次活动,如周巷社区教育学院以观摩形式开展特色家庭展示活动,观海卫社区教育学院每年 5 月份开展家庭学习点的展示活动。二是各乡镇社区教育中心通过评比活动、经验交流汇报等形式进行展示。2015 年9 月新浦成校开展了学习型社团交流展示,2015 年 11 月崇寿成校开展了《慈孝·最美崇寿人》的社团评比展示。此外,全市对社区教育活动也组织了评比活动。2014 年 5 月,慈溪市组织社区教育四个"十佳"评选活动。基层推荐,综合考评,群众网络投票,评选出"十佳社区教育特色品牌""十佳社区教育示范区""十佳社区教育推进员""十佳家庭学习点"。通过品牌创建、评比,提升共同体建设内涵,发挥示范效应。

3. 乐学享学的社会风尚形成

"三大学习共同体"实施后,居(村)民的行为习惯和休闲消遣的内容发生了非常明显的变化,居(村)民改变了不良生活陋习,去小卖店的人少了,打牌打麻将的人少了,闲聊的人少了,吵闹争斗现象也少了。而居(村)民的学习兴趣增强了,关注健康养身的人多了,讲文明礼貌的人增多了,邻里和谐增多了,积极参加学习的人也增多了,形成了乐学享学的社会风尚。各乡镇又根据各自情况,开设了一些创新活动,比如桥头成校开展了读书活动,通过创设"农民读书节"、开展"镇十佳农民读书之星"评比、"藏书家庭"、村民讲坛等系列活动,营造"人人学、时时学、处处学"的良好氛围。

少数民族妇女社区教育

一、研究背景

鹿亭乡是浙江省余姚市少数民族人口重要聚居地区之一,全乡共有少数民族人口296人,其中295人为女性,分别来自云南、贵州、四川等省,由土家族、苗族、布依族等12个少数民族组成。目前,年龄大多在30～40岁之间,文化水平普遍偏低,初中及以下居多。

由于文化与习俗的巨大差异,在思想观念、语言风俗、人际交往、就业创业、生活方式等方面,少数民族妇女社会融入面临障碍,难以融入当地社会生活。比如她们与当地居民缺失沟通交流,少数民族媳妇之间的交流也很少,这就导致她们对社区缺乏归属感,良好的社会支持网络难以形成。另外,由于她们文化素质偏低、专业技术缺乏,当地政府又没有专门的文化与技术培训与指导,就业主要集中于加工装配工作,收入不高,工作辛苦。生活的种种不如意,直接导致外省籍女青年逃婚现象严重,如何使她们进得来、留得住、过得好,成为当下面临的非常棘手的问题。

基于此,鹿亭乡成人学校开展少数民族社区教育,提升少数民族媳妇的文化素质与生活质量。

二、建设过程及实施路径

(一)抓阵地建设,促活动开展

打造民族团结教育活动基地,下设彩绘民族墙、民族政策展示窗、少数民族创业技能培训室、民族风情陈列室、少数民族图书角、民族教育培训室。依托基地,通过定期组织少数民族群众学习、活动,促进各民族相互之间的交流与沟通;通过典型带动、技能培训等形式,充分发挥活动基地的影响和作用,普及民族政策,扶植少数民族创业致富,加快民族融合,从而推动民族和谐之花盛开在山乡大地。

（二）抓教育培训，促素质提升

1. 开展文化融入活动，搭建群际互动朋友圈

搭建文体活动融合平台。为丰富业余生活，鹿亭乡社区市民学校增加文体设施和文体设备，建设篮球场、羽毛球场、气排球场，开设乒乓球室、图书室、台球房、健身房、影视厅，成立篮球队、羽毛球队、乒乓球队，举办民族舞、时装模特培训班等。

开展丰富多彩的文化活动。组织开展少数民族联谊会，组建远足俱乐部、书画俱乐部、民族生活社。每逢春节、元旦、五一、国庆、中秋等节假日，开展各种文体系列活动，如让少数民族居民穿民族服饰，唱民族歌，跳民族舞，极大地丰富了他们的文化生活，让少数民族媳妇与当地社区居民有了更加广阔的沟通融合平台，她们的社区归属感与幸福感油然而生。

2. 实施学历技能培训，开辟就业生涯新局面

针对社区的少数民族居民年纪轻、求知欲旺盛，但政治素质不高、文化程度偏低的特点，社区利用自办的业余党校、成人学校、法制学校和民族学校，开设文化习俗、政治理论、法律法规、劳动保障和相关少数民族知识等专题讲座，举办电脑、电工、烹调、酒店服务、家政服务和"双证制"高中文化班培训，逐步提高他们的文化水平和综合素质，提升她们的就业能力。

（三）抓帮扶结对，促就业创业

构建少数民族群众的立体式帮扶网络，建立乡党政领导干部、有关单位与少数民族困难家庭结对帮扶创业就业机制，加快少数民族群体发展。

成立少数民族扶助发展基金，每年筹集资金100万元，开辟致富项目，帮助多户少数民族家庭发展种植养殖业。鹿亭成人学校依托少数民族创业技能培训室，通过整合高校、农技站等专家资源，开展农村农科教创业帮扶项目，帮助她们成功创业，成就属于自己的光辉事业。许多少数民族家庭从此脱贫致富，种植养殖大户走上了小康之路。如苗族妇女龙凤丽创办的养鸡场，作为少数民族发展典型，经过多年扶植发展，目前已发展成为鹿亭乡最大的养鸡场。

（四）抓典型引领，促学习创建

鹿亭成人学校充分发挥典型人物的引领示范作用，重点做好对三名少数民

族媳妇的典型宣传,即具有全乡最大养殖场的养殖大户龙凤丽,作为私营企业主把五金厂经营得有声有色的钟秋霞,令乡民啧啧称赞的好媳妇、好母亲、好员工党员文菊。在此基础上,开展"创业之星"评选,大力挖掘和宣传少数民族媳妇中的典型人物,通过先进典型的示范引领,带动更多的少数民族家庭走上学习致富的道路。

三、取得成效及推广价值

(一)少数民族妇女更好地融入幸福新生活

鹿亭成人学校通过开展针对少数民族妇女的文化习俗、宗教信仰、文化素养、技术技能、创业帮扶、闲暇融合等多元化、个性化、特色化的少数民族妇女社区教育,提升了她们的整体素养,提高了她们的社区归属感、生活幸福感、职业成就感,促进了她们与当地村民之间,以及她们相互之间的交流,加强了民族团结,让少数民族同胞"进得来、留得住、能受益、过得好",自觉地融入当地社会生活中去。

(二)少数民族妇女全面地提升了整体素质

通过系统的社区教育活动,辖区少数民族妇女的整体文化素质得到显著提升,她们学习宁波方言与风俗习惯,逐渐融入当地社区生活。她们不仅学会专业技能,参与创业扶持项目,逐渐开辟出属于自己的一片广阔天地,而且参与丰富多彩的闲暇活动,与当地的社区居民打成一片,逐渐融入当地朋友圈,建立起自己的社会人际支持网络,还主动参与电大、函授等学历教育,共有 26 人获得了成人高中及大专文凭,找到了自己心仪的好工作,开启了全新的幸福生活。

(三)少数民族妇女成功开创了自己事业

通过持续教育,部分少数民族居民从一线工人走上了领导岗位,不少少数民族居民从普通员工锻炼成了技术骨干。截至目前,在 223 名递交了入党申请书的社区居民中,有 25 名是少数民族优秀分子,35 名加入中国共产党的先进分子中有 4 名是少数民族人员,并涌现出宁波市人大代表、余姚市政协委员等一批先进分子。此外,通过劳动力转移培训与创业帮扶项目,少数民族妇女找到了称心的好工作,许多家庭开展种植业、养殖业创业,涌现出养殖大户龙凤丽、私营企业主钟秋霞等一批创业致富带头人。

"小眼睛"社区教育课程开发

"四点钟学校"是由街道规划、教育部门指导、社区举办、学校支持的对未成年人在放学以后及节假日期间进行教育活动管理的公益性学校。"四点钟学校"的办学宗旨是充分发挥社区在未成年人思想道德建设中的平台作用，填补小学生放学后的管理真空，让小学生在放学后有地方学习和活动，解决社区双职工家庭的后顾之忧，保障未成年人的健康成长。随着"四点钟学校"办学的深入，开发和建设本土课程的呼声日益强烈。

一、研究背景

（一）开发"小眼睛"课程是提升"四点钟学校"内涵的需要

1998年5月，浙江省宁波市江东区白鹤街道（"江东区"现已改为"鄞州区"）创建"四点钟学校"的社区教育办学模式，在学校与家庭管理的盲点时段，利用辖区学校、社区的固定场地，聘请优秀的退休教师，实行低偿收费，负责照顾学生的安全，督促并帮助学生完成家庭作业。"四点钟学校"的诞生，开创了未成年人校外教育的新模式。随着"四点钟学校"办学成果的日益凸显，中央、省市的各级领导纷纷莅临指导，各级各类媒体也广泛报道，使"四点钟学校"的社会影响力进一步扩大。近年来，随着"四点钟学校"的内涵不断由有形的学校转向社区大校园，服务对象也从在校的学生转向辖区所有未成年人，如何将办学成果惠及更多的未成年人，成为"四点钟学校"内涵建设面临的新问题，并直接促成了"小眼睛"系列课程的开发和建设。

（二）开发"小眼睛"课程是满足未成年人学习需求的需要

学校是未成年人学习的主要场所之一，为了更好地配合学校开展未成年人的思想道德教育，实现学生的全面发展，"四点钟学校"开展了大量的特色活动项目和主题教育案例分析，这些主题教育活动从培养青少年的文明意识、安全意识、文化涵养等方面着手，使辖区青少年在不占用大块时间精力接受额外补充教育的同时，在社区里不断提升自身人文素养。为了更好地将"四点钟学校"的发展成果进行整合，尽可能地满足未成年人的多元学习需求，街道开始了面向未成年人的"小眼睛"系列本土课程的开发和建设。

(三)开发"小眼睛"课程是解决社区教育发展难题的需要

课程是作为人类文明的积淀、结晶和升华而实现教育的文本。课程既是传统学校教育教学的基本载体,也是开展社区教育活动的基本载体。社区教育课程内容选择的科学性、针对性和实用性,很大程度上决定着社区居民学习兴趣和能力培养的程度,决定着社区教育目标的实现效果。目前社区教育的发展以教育活动为主,如何以课程的形式对教育活动的成果进行积累和沉淀,是江东社区教育(现已改为"鄞州")发展面临的一大难题。随着"四点钟学校"社会影响的不断扩大,如何更好地积累发展成果,不仅是"四点钟学校"自身的发展需求,也是区域社区教育发展的根本要求。

二、建设过程

(一)调研导入期

由白鹤街道社教委和宁波教师教育学院、浙江大学宁波理工学院共同进行前期准备调研。全方位了解和剖析社区青少年成长的客观需求,并据此确定"小眼睛"本土课程开发的主要目标。

(二)探索运转期

以已有的本土课程为基础,不断探索和丰富新的课程内容。由社区、辖区学校和大学生志愿者队伍组成课程研发团队,在"四点钟学校"尝试导入本土课程,并对课程的评价体系进行探索。

(三)归纳推新期

利用暑期各辖区学校放假的时间,征集各方意见建议,对前阶段本土课程在显性目标和隐性目标达成方面的不足加以完善,同时根据青少年成长的需求,编印第4本本土课程,并与辖区学校和志愿团队(包括"五老"志愿者、大学生志愿者、共建单位专业志愿者)做好沟通衔接,确保项目持续实施。

(四)评估应用期

根据实施和反馈情况,对本土"小眼睛"系列课程的实效和成果进行监督、评估和展示,同时积极关注项目的后续应用及辐射,力求使"小眼睛"系列成为"四点钟学校"一个新的闪光点和提升平台。

三、小眼睛系列课程开发的实施路径

(一)确定特色发展的课程开发目标

"小眼睛"系列本土课程,是未成年人校外教育的有益补充。未成年人校外教育的对象是个性鲜明的个体,因此他们成长发展的需求也是独特的、多元的。提升公民素养、注重身心健康、增强安全自护能力、培养个性特长、提高参与融合等为课程重点。因此,为促进各个未成年群体之间友好融合,共同进步,"小眼睛"系列本土课程在开发之初,就确定了以促进未成年人认知、情感、行为的充分协调、各有特色的发展为主要目标,努力为学生的终身发展奠基。

(二)整合专业多元的课程研发团队

纳辖区资源,组特色师资。为搭建"小眼睛"系列课程新平台,白鹤街道在"四点钟学校"全面覆盖"四点钟少先队"。社区居委会成立大队辅导站,聘请社区教育干部担任"四点钟学校"大队辅导员,选聘"五老"人员、优秀家长、机关企事业单位优秀青年为兼职辅导员。这些辅导员中有的是本土课程的创始人,如白鹤社区民间魔术师李文龙、贺丞社区竹根雕艺术家杨古城;有的掌握了一手本土课程中的技艺,如王隘社区郭爱芬擅长剪纸、白鹤社区陈桂珍擅长做香袋;还有的具有较强的教学组织能力和活动设计能力,如来自宁波大学教师教育学院和浙江大学宁波理工学院的高校志愿者。目前,200多名学生在专职管理老师和大学生志愿者的引领下,结合本土课程开展各种主题活动。

(三)完善三方联动的课程管理团队

多角色参与,保三方联动。一是由白鹤街道党工委副书记、高校课题研究者、大学团委书记担任项目组顾问,街道党政办、社教委、团工委领导项目实施,相关社区教育工作者、高校志愿者等组成项目组成员全面运行项目,具体负责"四点钟"本土课程的教学实施。二是定期召开社区教育工作例会和志愿者座谈会,对"四点钟"本土课程的实施进行研讨。三是邀请各类专业的指导性组织,如社区教育讲师团、少年公德宣讲团、德育讲师团等,为"四点钟"本土课程的项目实施提供智力支持。

(四)形成"可持续"的课程管理保障

"四点钟学校"一直秉承开办之初的低收费、零利润原则,按照政府资助为主,关心未成年人的单位和个人捐助为辅的形式维持日常的教学工作、实践活动开展和教师工资等各类开支。街道设立"四点钟"本土课程专项经费,且逐年增加投入,用于教材创编、宣传推广激励和团队扶持,到目前已累计投入5万余元。街道在宁波市自来水公司、街道福利院、92512部队、宁波市蔬菜批发市场、江东消防大队、宁波艺术剧院等共建单位设立课程实践基地,保障项目实施对象的实践活动。

在项目推进中,"小眼睛"系列课程既充分尊重和满足了"四点钟学校"内志愿者和未成年人各自的独特性和差异性,也能恰当运用现代教育技术手段,重视学生的学习过程和情感体验,并具有极大的开放性。

四、小眼睛系列课程的预期成效

"小眼睛"系列本土课程四册迄今编印发行8000余册,《宁波日报》《宁波晚报》《都市快报》、中国宁波网、宁波人民广播电台以及宁波电视台《阳光季节》栏目等先后10余次对"小眼睛"系列进行报道,并被全国各大媒体转载。目前,"小眼睛"系列已被评为全国社区教育特色课程、宁波市未成年人思想道德建设创新案例,深受各方好评。

实践证明,这套教材不仅受到了学生和教师的喜爱,社区居民、学生家长、社区专干对课程内容也产生了强烈兴趣,"小眼睛"系列课程成为沟通和连接社区、学校、居民的纽带和桥梁,大大激发了居民热爱社区、为社区自豪的感情,达到了陶冶人、教育人、凝聚人的作用。

五、"小眼睛"系列课程的推广价值

"小眼睛"系列读本不以系统知识为基本内容,也不以读书、听讲为主要学习方式,而是围绕"四点钟学校"中学生感兴趣的主题来组织具有多样性、动态性的教学活动,所以采用的学习方式也多以实地考察、调查研究、讨论探索和动手操作为主。如《小眼睛看安全》一书中《我身边的安全隐患》这一章节,就完全取材于未成年人暑期实践走访中记录和拍摄的内容。"四点钟学校"本土课程对未成年人思想道德建设具有积极意义。

（一）把日常生活融入课程内容，强调实践性

"四点钟学校"本土课程与生长生活在白鹤辖区、江东乃至宁波的未成年人的生活紧密联系，注重直接体验和经验积累。如学完《贺丞路的由来》，就背诵贺知章的故事；学完《白鹊桥的传说》，就在白鹤街道范围内找找其他的桥，听听桥的故事；还有用宁波老话猜谜语、学唱宁波方言歌谣等活动，都是强调在活动中学，把培养学生的主体意识、合作意识、创新意识和动手能力、交往能力、收集处理信息的能力、发现与解决问题的能力作为重点。

（二）课程实施根据学生需求调整，强调灵活性

"四点钟学校"的学生是由年级不同、程度不同的学生混合编班而成，在安排学习实践活动时以培养不同程度学生的创新精神和实践能力为核心理念，围绕一系列难度不同的重要问题或挑战性任务编排学习内容、安排学习活动，学生按照自己的程度或兴趣点参与主题活动，在活动过程中收集材料，进而通过自己的思考、操作以及与同伴的讨论去解决问题或提交作品。

（三）课程内容涵盖各种领域，强调综合性

"小眼睛"系列课程既有传统经典，又涵盖安全常识，还包括文明礼仪、历史传说、传统美食、民族工艺、手工技艺和民间游戏等内容，在编排上围绕一个主题或课题从多种学科和多种媒体收集组织素材。它不受学科知识体系的束缚，有助于学生综合运用多种知识和均衡发展多种能力。

（四）以学生喜闻乐见的形式开展学习，强调主体性

"小眼睛"系列课程把学生的发展置于中心地位，以学生的需要为出发点，注重学生潜能的开发和学生情感的提升。每次主题活动都颇有趣味、寓教于乐，使学生沉浸其中。不少家长反映，孩子做这些调研，不仅没有影响学习成绩，还培养了学习和思考能力，对现实生活的关注也敏锐了许多。

（五）课程评价的方式多样，强调过程性

在实际活动中，"小眼睛"系列课程的每个课题或主题有多个答案，只要学生言之有理、操作有据，就可获得优良的成绩。学校依据教学内容与进度，邀请家长配合学校评价学生在家庭和社区内的表现。有些孩子尽管在学校的学习成绩不是最优秀的，但在"四点钟学校"里认真勤奋，学期末也得到了表彰，获得了鼓励，学习信心大增。

"小眼睛"系列本土课程，作为面向未成年人的社区教育特色课程，是"四点钟学校"服务品牌的拓展和延伸。目前,江东区域范围内的"四点钟学校"主要存在四种模式,分别是:设立于社区居委会内的"紫鹃模式";设立于小学内,由街道、社区主导管理的"贺丞模式";社区牵头、学校主导培训的"东海模式"和针对外来人口子女放学后管理的"仇毕模式"等。从目前来看,本土课程只能作为"贺丞模式"的补充形式存在,如果想在更大范围内推广和辐射,还需要根据各地"四点钟学校"的特点进行具体分析。

第四节　各类社会活动,促进社会发展

覆盖社区所有成员的终身学习,包含多种多样的活动。在我国,既包括社区开展的正规学校教育,也涵盖各种各样的包含学习因素的社会活动。只要学习者能够获取信息,能够参与交流,能够结识新的伙伴,能够掌握和提高任何一种生产生活或生存技能,不拘形式和途径,都是终身学习活动。社区内外各种组织、机构都可以利用自身资源,为居民提供终身学习活动,甚至可以说一切社会活动都是学习活动。正是这种多元化的提供和多样化的活动,最终构成了学习型社区的画卷,从而促进了和谐社区的建设。

村民讲坛

一、研究背景

随着生活水平的提高,广大社区村民对精神生活也有了更高的追求,村民的思想活跃,对文化活动的需求日益多元,对农村社区教育提出了更高的要求。村民主体意识和参与意识也在不断增强,他们不愿意机械接受灌输式的社区教育,而是更加愿意站出来发出自己的声音,表达自己的观点。在新的历史条件下,农村社区教育工作面临新的挑战,需要与时俱进,打造新的社区教育模式。

基于此,2007下半年开始,浙江省慈溪市崇寿镇社区教育中心从本镇实际出发,以建设学习型城镇为目标,整合社区各类优质资源,发挥人民群众最广泛的创造力,开辟村民讲坛,满足广大村民日益增长的精神文化需求,通过创新载体,搭建平台,不断丰富农村居民的精神文化生活,切实提高广大村民的素质,更好地发挥了村民在社会主义新农村建设和和谐社区建设中的主力军作用。

二、村民讲坛概况

所谓村民讲坛,即草根讲坛,是以社区教育中心为纽带,广泛组织培训,引导村民积极参加宣讲的活动,能够充分表达村民的动态思想,是村民们学习国家时事政治、法律的平台,交流文化、技能信息的平台,和抒发民众个人心声的平台,是草根讲坛、老百姓讲坛。

村民讲坛每月一场,由村民们选话题,镇宣传部门定主题,并进行辅导,村民竞争主讲。在村民讲坛上,大到国家政策方针,小到外出打工经历,村民们对什么感兴趣,主讲人就讲什么,村民讲坛真正成为农民自己的舞台。

三、建设内容及实施路径

(一)健全组织,统筹规划,建立多维课程体系

1. 建立组织架构

崇寿镇社区教育中心成立了村民讲坛活动领导小组,由宣传委员任组长,社区教育中心负责人任副组长,宣传干事和各村社区学校负责人为组员,镇社区教育中心作为日常协调机构负责具体落实,积极引导各村组织开展村民讲坛活动。通过教育培训、典型示范等形式,充分调动各村和广大村民的积极性。

2. 完善运行机制

一是完善上报制度。要求各村在组织活动前一周将具体活动方案上报给社区教育中心,由镇社区教育中心进行审核和完善,确保"场场出精品,村村有效果",全力打造村民讲坛的宣传品牌。

二是完善奖励制度。制定了奖惩办法,加强活动考评,对积极开展活动、作用发挥明显的村给予一定的精神和物质奖励,对活动不积极、组织落后的村进行批评。

三是完善例会制度。由镇社区教育中心牵头,每月召开一次社区教育工作会议,总结前阶段各村开展活动的情况,确定下阶段活动方案。对好的做法和经验及时进行总结推广,对各村在组织活动中遇到的困难及时帮助解决。

3. 构建课程体系

村民讲坛以丰富村民的精神文化生活和培育新农民为主要目的,在设计上

突出了村民的主体地位,以村民愿意听、听得懂为目标,精心设计载体,创新活动形式,通过村民讲、村民听、村民讨论,以村民喜闻乐见的形式,讲述村民感兴趣的内容,吸引村民的广泛参与,使村民的思想道德水平得到逐步提高。

村民讲坛课程强化"四个结合",旨在打造居民终身学习、自我提升、生活幸福、创业致富的平台。

一是结合党的方针政策和最新出台的法律法规,如党的十八大会议精神,社会主义核心价值观,"一带一路"战略思想,供给侧改革,《劳动法》《婚姻法》《物权法》等;二是结合市、镇中心工作,如整治违法用地,整治环境污染,加快发展村级集体经济,建设新兴工贸型城镇等;三是结合村民急需的科学知识和农业技能,如新品种种植技术,灾害防护知识,农产品的市场需求及销售行情等;四是结合农村精神文明建设,如制定村规民约,村民思想道德建设,文明乡风建设等。

(二)整合资源,创新形式,打造三元讲坛模式

崇寿镇成人学校以村民愿意听、听得懂为目标,精心设计载体,创新活动形式,不断增强活动的吸引力、影响力和感召力。精心打造了三种比较成熟的讲坛模式:

1. 自由讲述型模式

这种模式是村民讲坛最基本的、最经常开展的一种活动形式。村民在讲课时不拘泥于形式,可以根据自己讲解的内容,自由地选择讲解的方法和讲课的地点。可以在村活动场所就政策法规发表自己的意见,也可以到田间地头讲述大棚种植、病虫害防治等农业实用技术。从村民自己的视角看问题、谈感想,更容易引起台下听众的共鸣,村民听熟悉的人讲感兴趣的话题,更能激发其学习的热情。每场村民讲坛一般都会邀请2~4名村民担任主讲人,村民可以提前预约,要求成为主讲人,也可以在主讲人讲完之后,围绕讲坛议题,进行补充发言。目前,各村已经累计开展这种模式的活动20多场,吸引了近千名村民参加。特别是其中比较有特色的几场讲坛如相公殿围绕新出台的法律法规组织的村民谈法律活动、健民村组织的十八大精神村民谈活动、四灶浦村组织的现代农业知识讲坛、六塘村组织的村民谈理想活动等更是深受村民欢迎。而傅家路村组织的牢记历史、勿忘国耻讨论活动也加强了村民们的爱国主义思想和民族凝聚力。

2. "村民讲坛进企业"模式

"村民讲坛进企业"就是把村民讲坛办到企业里,以村企联动为主要形式,以村民讲坛为主要载体,积极引导村企发挥自身优势,共享共建和谐文化。村和企业共同组织一些行为文明、品德高尚、乐于奉献的村民、职工参加村民讲坛,讲述提升思想品德修养的体会,讲述老百姓自己的故事,在村民和职工中倡导做事先做人、立业德为先的风气。这种模式以村民讲坛为平台,拓展了村企结对外延的形式,通过村企联动共建和谐文化,实行思想道德教育共抓,思想道德资源共享,从而实现培育村企新风尚、提升农民和职工的职业道德素养的目的。首场"村民讲坛进企业"活动在宁波海歌电器有限公司顺利进行,截至2009 年7 月已经成功举办4 场,8 个村分别与29 家企业达成了以村民讲坛为平台、村企联动进行思想道德建设的合作意向。

3. 巡回讲座模式

村民讲坛领导小组通过对各村开展的村民讲坛活动进行评比,挑选出比较有代表性的或有推广价值的活动进行完善和丰富,然后作为一个宣传品牌到各村进行巡回讲座。目前已经推出了三大品牌,共巡回讲座15 场。相公殿周长进等村民主讲的"村民讲坛之种植"不仅创造了讲坛的历史记录——巡讲8 场,还给村民们传授了不少实用技术,让村民们通过讲坛学到了很多知识;崇胜村好媳妇陈秀娣主讲的"村民讲坛之孝道"和健民村奕金火等村民主讲的"村民谈十七大精神"两大宣传品牌也深受广大村民欢迎。随着村民讲坛活动的蓬勃发展,崇寿镇将打造更多的宣传品牌,到各村进行巡回讲座。

(三)优化机制,提质增效,构建立体保障制度

为了充分调动社区村民的主动性和积极性,发挥他们的创造力和想象力,增强社区的凝聚力,崇寿镇社区教育中心建立了教学内容自主选定、开课时间灵活安排、教学方式互动实施的一系列课程与教学运行机制,确保村民讲坛群众化、品质化、特色化、绩效化的本质特征。

(1)自主性的选课机制。村民作为主讲人,自己挑选讲课的课题,用自己的语言讲述自己感兴趣的话题,可以讲自己身边的事情,也可以分析国家大事或国际热点问题;可以传授自己的实用技术,也可以评论社会上的不文明现象。每场村民讲坛一般都会邀请2 ~ 4 名村民上台讲课,其他村民也可以临时要求上台补充发言,充分调动了广大村民的参与热情和积极性。

（2）灵活性的排课机制。村民讲坛的讲课时间多为晚上和下雨天,充分利用村民的空闲时间,吸引更多的村民参加。同时把村民讲坛安排在晚上,能够充实村民的夜生活,给广大村民以更多的文化活动选择余地,切实丰富村民的精神文化生活,逐渐改变部分村民参与打牌、麻将等赌博活动的陋习。用先进、文明的文化活动形式去丰富广大村民的精神文化生活,倡导新风尚、培育新农民,加快推进社会主义新农村建设。

（3）互动性的授课机制。在村民讲坛上,讲课者与听课者互动交流,突出了听众的参与性,打破了主讲人与听众之间的距离感,以村民喜闻乐见的形式讲课,增强了讲课的亲和力。由于村民讲坛的内容涵盖科技、文化、农产品种养与销售、农村政策、尊老爱幼、婚育新风、环球时事等,内容包罗万象,因此具有较强的吸引力;讲课的又是身边熟悉的村民,台下的村民也愿意根据讲课人的话题发表自己的观点,比较容易形成互动,讲坛的氛围非常好。从村民自己的视角看待问题,谈感想,更容易引起台下听众的共鸣;村民听熟悉的人讲感兴趣的话题,更能激发其学习的热情。

四、实践成效与推广价值

（一）丰富居民闲暇生活,提高了居民文化素养

村民讲坛活动的持续开展,丰富了广大村民的精神文化生活,拓展了农村文化阵地,有力地促进了农村思想道德建设,净化了农村风气。现在村民中打牌赌博的人少了,看报读书的人多了;无所事事的人少了,关心国家大事和政府工作的人多了;邻里纠纷少了,互帮互助多了。村民讲坛成为晚上一道最亮丽的风景,为崇寿镇营造了非常浓郁的文化氛围。

（二）提升居民技术水平,助推了群众增收致富

村民讲坛精准对接村民急需的科学知识和农业技能,如新品种种植技术、灾害防护知识、农产品的市场需求及销售行情等,邀请乡镇种植大户、科技示范户、致富能手登上村民讲坛,向村民们传授致富经验,让村民们受益匪浅。

傅福村农民陈新龙8年前就从事养猪,但由于养殖品种不佳,缺少科学养猪方法,又加上市场信息不灵,效益一直不好。2016年初,他在一次村民讲坛上听了另一位养殖户讲述的科学养猪的经验后得到启示,在适当扩大养殖规模的基础上,改变单一饲养肉猪的结构,购入母猪进行自繁自育,减轻了养殖成本,

最终他 2016 年的养猪收入近 8 万元。

四灶浦村村民王尧华家庭，家境一直贫困，但又缺少致富门路。自从在"村民讲坛"上听了其他乡亲的致富经，他增加了创业致富的信心，他联合其他 3 户农家，去年下半年转包 46 亩土地创办了葡萄园。

相公殿村村民周长进的村民讲坛之种植，不仅创造了讲坛的历史纪录——巡讲 8 场，还给村民们传授了不少实用技术。村民周长月按照他的传授，一亩地增收了 2000 多元。

（三）品质讲坛辐射引领，提升了社区和谐指数

村民讲坛不仅吸引了越来越多的村民前来听课，而且吸引了更多的村民主动要求讲课，讲课的内容也越来越丰富。同时村民讲坛还不断拓展活动形式，组织了"村民讲坛进企业"系列活动和"优秀村民讲坛"巡回讲座，切实丰富农村精神文化生活，提升村民生活品位，让广大村民学到了很多实实在在的知识，对构建和谐家庭、和谐农村、和谐社会产生积极的作用。村民讲坛的开展也引起了媒体和领导的高度重视，《文汇报》《浙江日报》《慈溪日报》等媒体纷纷在第一版面或重要版面加以报道，其中《慈溪日报》两次在头版头条报道村民讲坛的开展情况。慈溪市主要领导在《崇寿镇开设"村民讲坛"打造宣传工作新品牌》（慈溪信息第 179 期）上批示："崇寿镇开设村民讲坛做法好，要不断坚持深化和巩固，使之真正成为引导教育广大村民的有效载体。"

海岛社区教育

一、背景与意义

强蛟镇位于全国百强县浙江省宁波市宁海县的东北部，地处象山港尾，是一个三面环海的半岛。北涉奉化，东临象山，西与宁海西店镇隔海相望，距县城约 25 公里。强蛟是一个小镇，陆域面积仅 23.7 平方公里，下辖 9 个行政村，常住人口仅 1.68 万人。但强蛟镇经济富裕，远洋运输业、海上捕捞业、工业是全镇三大经济支柱。目前全镇有远洋运输船 120 多艘、渔船 80 多艘，3000 多人从事这两个行业。全镇有 200 多家企业，其中海螺水泥厂年产值达 7 亿以上，北新建材、宏韵建材年产值都在 2 亿元以上，强蛟镇成为宁海县农民人均收入最高的乡镇。

近几年,强蛟镇经济的快速发展,吸引了大量的外来务工人员来岛务工。2010 年全镇外来人口派出所登记造册已有 17444 人,远远超过了当地常住人口数。强蛟镇居住人口结构出现"三多"现象,即外来人口多、留守妇女多、老年人多。留守妇女大多由于丈夫长年在外从事远洋运输或海洋捕捞,家庭经济比较富裕,她们只是在家带带小孩、打打麻将;老年人常聚集在祠堂(老年活动场所)聊聊天、打打麻将、看看电视,但迷信和封建宗族思想比较严重,时常为点小事闹不和,并发展为宗族矛盾;因远离县城,上班族在工作之余也颇感文化生活贫乏,再加上外来流动人员素质低、技能差、流动性大等问题普遍存在,这就给当地的社会治安、环境卫生管理等带来了一些负面影响。

因而,对新老市民开展切实有效的教育培训,提升全民的文化素质、文明素质和业务素质,已成为建设强蛟、发展强蛟、构建和谐社会迫在眉睫的一项重要工作。为此,从强蛟镇实际出发,对社区居民开展教育培训,打造市民素质提升工程,并探索性地研究构建海岛社区教育运行机制是十分有必要的。

二、海岛社区教育的实践探索

(一)建立健全管理体制,为社区教育提供组织保障

根据本地实际,构建了镇、村两级社区教育管理服务网络,基本形成乡镇政府统筹领导、社区教育中心主事、有关部门联动、社会积极支持、村企自主活动、群众广泛参与的社区教育管理体系。各级成员明确责任和义务,各司其职。(见图 2 - 3)

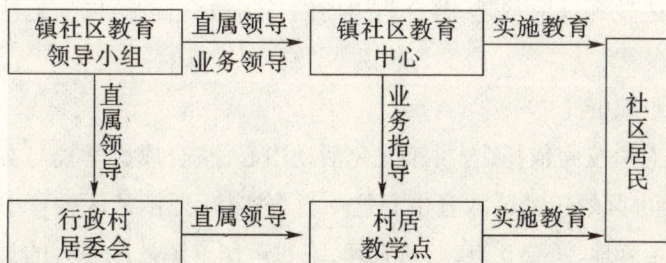

图 2 - 3　强蛟镇社区教育管理体制结构图

镇政府成立社区教育领导小组,由镇党群副书记王全华任组长,分管文教卫的副镇长林健松和镇总工会主席叶亦强为副组长,老龄办和妇联等6部门负责人为组员。办公室设立在镇社区教育中心,由镇成人学校校长担任办公室主任。社区教育领导小组对全镇社区教育进行领导和宏观管理,研究制定镇社区教育发展规划,协调整合辖区内社区教育资源,落实社区教育经费,并领导镇社区教育中心业务。老龄办和妇联等五部门积极配合督促各企事业单位和村居委会全面落实社区教育工作。村居委会宣传发动组织本村居民参加各级各类教育培训,为教学点开展正常性的社区教育提供物质条件。村居教学点(由村官负责)在社区教育中心指导下开展延伸性、普及性培训。

(二)筹集经费整合资源,为社区教育提供物质保障

1. 落实经费

任何一项工作的顺利开展都必须有经费作保障。社区教育是一项公益性事业,着眼于社会效益,且面广量大,层次又多,教育经费不可能由政府全部包揽,采用政府拨一点、社会筹一点、单位出一点、个人拿一点的办法多渠道筹措经费,妥善解决社区教育办学经费。但作为社区教育发展投入主体的镇政府,财政对社区教育专项经费(不包括其他投入)的拨款是解决社区教育经费的一条重要渠道。强蛟镇政府每年按常住人口每人2元的社区教育经费划拨给镇成人学校,用于开展各类社区教育培训的资金补助,保证社区教育服务能长期稳定地发展,并且每年安排一定经费用于补助修建社区文体教育活动场所、组织选送团队教练去县市参加专项培训、各团队参加县市级比赛、开展全镇性的大型文体活动等支出。

2. 整合资源

海岛社区教育资源贫乏,整合利用岛内各类教育资源,以满足社区教育的需求。

1)整合组织资源

以镇成人学校为依托,合拼镇文化活动中心,整合成人学校与文化活动中心的资源,创办强蛟镇社区教育中心这一教育实体,把镇社区教育中心作为镇社区教育的主阵地、重要支点,归口管理、统一运作本镇社区原有的党校、团校、人口学校、家长学校、老年学校、外来人口法制学校、文化中心、成教中心等各类教育机构。

2）整合物质资源

全镇仅有两所小学、一所中学，但中小学拥有较为完善的教学设施和较为宽畅的活动场所，然而中小学校的操场、足球场、乒乓室、健身场、阅览室和有150个座位的多功能教室等，在课后和双休日都是闲置的，镇社区教育领导小组进行协调整合，实现资源共享，将学校空闲空间在双休日、节假日为居民提供健身及开展社区教育活动所用，这样既可弥补海岛社区教育活动场地欠缺的不足，也可让这些设施物尽其用，充分体现了它的使用价值。

3）整合人力资源

强蛟镇是个半岛，远离城区，与周边乡镇交通不便，社区教育中师资队伍的建设困扰社区教育的发展，为改变这一局面，一方面在退休教师中寻觅人才，这是建立稳定的社区教育师资队伍的最佳途径，退休教师既有教学经验，又有专业知识，能较好地完成教学任务。如聘请老校长王成恕老师担任老年教育的政治时事课讲座教师，每月初一、十五为老年人讲课，同时兼任青少年传统教育讲课教师。

另一方面，因地制宜，整合本镇各部门各类人才资源，组建一支适应社区需要、富有社区特色、具有奉献精神的社区教育兼职教师队伍参与社区教育。如：为了加强企业职工普法教育，特别是提高流动人口法律素质，启动了"法律知识进企业"活动，社区教育中心聘请司法特派员到各企业作法律知识讲座，并到外来人员比较集中的企业开展法律咨询、发放法律知识读本。大力宣传法律知识促进全体企业职工遵纪守法，并增强外来务工人员自我保护意识和能力。

利用本镇各单位丰富的人才资源参与社区教育工作，既充实了海岛社区教育师资力量，也实现了社区教育的多功能、多规格和多元化，为社区教育的健康发展提供了丰富的教育资源。（见表2-3）

表2-3 强蛟镇域社区教育讲师团一览表

单位名称	姓名	职务	课程内容
消防支队	胡雪兵	指导员	火灾逃生、自救
卫生监督所	孙飞珍	所长	食品卫生知识
海洋渔业综合管理大队	李敏	大队长	海洋资源及环境保护

（续表）

单位名称	姓名	职务	课程内容
港务管理处	施序岱	主任	船舶海上安全知识
法律援助中心	李叶娜(女)	特派员	法律知识
供电所	林峰	所长	用电安全知识
海事处	曲清泉	主任	海上避险及求助知识
防汛抗台指挥办	薛兴华	主任	防汛抗台知识
卫生院	张修淼	院长	防疫病、保健、工伤急救护送等
镇足球协会	尤建振	足球协会会长、足球队队长	青少年足球队教练

（三）构建运行机制，为社区教育提供体系保障

以"五线联动，分层推进，团队训练"为指导的社区教育运行模式，已经形成了多序列、多层次、多形式的立体网状教育体系，推动社区教育向深度与广度发展。

1. 五线联动

社区学习的全员化决定了社区成员的学习心理的丰富，不同的群体对学习内容的取向、时间的安排、学习的方式也不同。为此，强蛟镇社区教育根据不同的教育对象把培训分成"五线"，分别由不同的五个部门负责实施社区教育。（见图2-4）

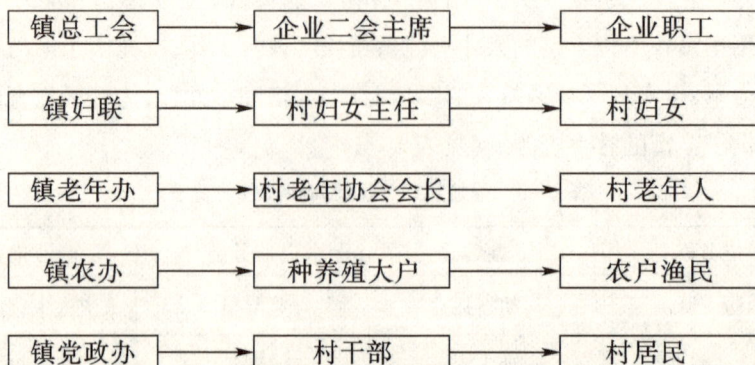

镇总工会	→	企业二会主席	→	企业职工
镇妇联	→	村妇女主任	→	村妇女
镇老年办	→	村老年协会会长	→	村老年人
镇农办	→	种养殖大户	→	农户渔民
镇党政办	→	村干部	→	村居民

图2-4 强蛟镇社区教育培训"五线"图

注：外来人口由于主要集中在企业，就归属工会线实施社区教育，少年儿童归属妇联线负责实施。

根据不同的教育对象,相关部门负责层层组织落实,并提出不同的具体教育目的和要求,策划不同的教育培训内容,组织不同的教育培训模式,施之以有针对性的教育。(见表2-4)

表2-4　2011年强蛟镇社区"五线"培训内容明细

部门	参与群体	教育主题	教育内容
工会	工会主席 职工	职工素质 提升工程	法律,心理健康知识,安全生产,怎样做一个聪明的员工,信息技术,职业技能
妇联	妇女主任 妇女	农村妇女大讲座 母亲素养工程	礼仪,法律,金融理财,孕妇优生优育,小家电使用与消防安全知识,保健美容,信息技术,家政护理,"如何做一个好母亲";关爱女孩成长,关心母亲健康
老龄办	老协会长 老年人	夕阳红课堂	每月初一、十五的政治时事讲座,信息技术,健康养生知识
农办	种养大户 农渔民	农家乐课堂	农村实用技术,环保,安全,法律,农民信箱使用技术,市场营销
党政办	村干部 村居民	美丽乡村	法律,社会公德,家庭美德,通报财务收支,村镇规划,时事政策,礼仪,环保等

同一人群的成员,或年龄相近,或性别相同,或文化程度相仿,便会有大体相同的发展目标、学习意向和认知特点,"五线联动"利于社区教育的组织和管理,能够增强社区教学的针对性、整体性和实效性。

2. 分层推进

1)"领雁—雁群"推进法

启动"领雁"培训,实现目标引导、管理(方法)引导和项目引导,再由"领雁"引领"雁群"参加社区教育。

"领雁工程"由强蛟镇社区领导小组分线组织落实,社区教育中心负责培训,实现培养一个带动一片的作用。一方面让他们提高对社区教育的认识,加大社区教育的宣传力度,引领广大居民积极参加社区教育;另一方面组织他们学习党的方针政策、国家的有关法律法规、市场经济理论、现代化管理知识、现代农业科学技术,让他们及时了解国内外农业(工业)科技发展的新动态,拓宽知识面,增长解决实际问题与综合管理的能力。(见图2-5)

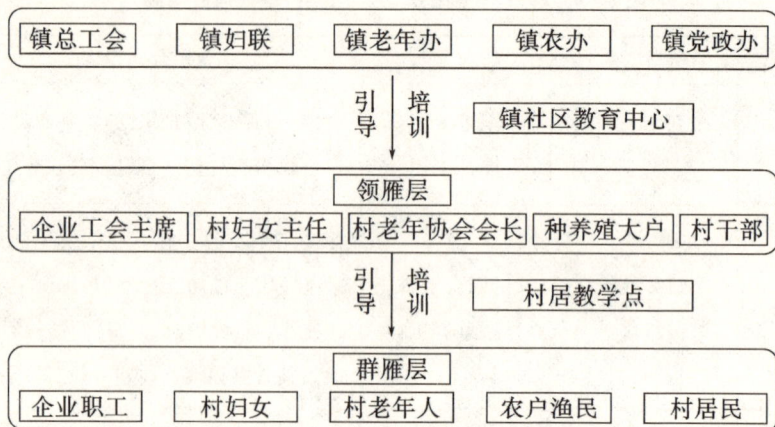

图2-5 强蛟镇二级社区教育结构明细图

2)"示范—辐射"推进法

即围绕一个主题,先由社区教育中心示范培训,然后各村居教学点相继开展培训,再向小区、家庭推进。如:当发现王石岙村有的渔民用最细网眼的网捕鱼,有的还用串网和张捕网捕鱼,甚至用电和炸药捕鱼,部分村民把生活垃圾倾倒在路边海边,有的企业还向海里排污后,我们就邀请海洋渔业综合管理大队的李敏队长在王石岙村做海洋资源及环境保护讲座,不但王石岙村村民参加,各村村主任及书记、村居教学点负责人也参加,并察看现场。随后一个月里,加爵科村、薛岙村、峡山村、下渔村教学点也相继举办海洋资源环境保护之类的培训,培训后,要求每一个学员担任环保宣传员,向邻居、家人宣传。

又如火灾逃生自救、工伤应急救护、养生保健等普及性培训,都采用了"示范—辐射"的方式开展教育。从点到面、上下互动、全面辐射,实现社区教育全覆盖。

3)由浅入深推进法

即以"讲座—演练"的方式,实现教育向深度推进。如有关企业不但举办火灾逃生自救知识讲座,还进行火灾逃生演练,使理论付诸实践,感性上升到理性。

3. 团队训练

传承、开发、利用好本区域内的地方文化特色,以各类文体活动为突破口,以团队训练为方式把地方传统文化提升到有地方特色的社区文化,是强蛟镇社区教育的又一亮点。强蛟镇以每年正月初二岛上举行行会为载体,按不同群体、个人爱好特长组建多支群众性文体团队。

镇各类文体团队的组建,带动了村、企和流动人口俱乐部的成立,也因地制宜组织了多层次多类别的文体团队,以"线层组建、统一引导、自主训练"作为团队训练的主要形式。

镇、村企团队教练,都统一由镇政府培养,镇社会事务办负责选送教练到县、市参加集训。镇政府给予报销车旅费,并补助教练每人每天50元的培训学习生活费,平时由"五线"分线管理。

教练学得技能后回队辅导队员,为激发队员平时训练的积极性,镇社会事务办每年组织举办各类比赛活动,如以"咱们工人有力量"为主题的企业文娱会演,"工行杯"中国象棋赛,每年正月初二的行会……一次次的展示促进了各团队的刻苦训练、快速提升。如:男子足球队曾代表县队参加市级比赛;女子秧歌舞和龙灯舞都在县农民艺术节中获得金奖,还代表宁海县参加市组织的农民文化艺术队到各县巡演;老年门球队在全县老年门球赛中获得冠军,全国门球赛宁海赛区比赛中取得了亚军;飞镖队获得县第二名;中国麻将(健身麻将)曾获得市第一名。各种文体团队训练活动的开展,不仅传承、弘扬了海岛传统文化,也为海岛社区居民人文素质的提高提供了丰富的教育资源,同时有力地促进了当地经济和社会的和谐发展。

三、社区教育成果及推广机制

几年来,海岛社区教育的探究,构建了适合本地实际的社区教育管理体制和运行模式,充分利用、拓展和开发了海岛社区的各类教育资源,满足了海岛社区成员的教育要求。经常化、规范化、社会化发展的社区教育,提高了广大社区居民的整体素质,弘扬了现代文明生活方式,推进了海岛传统文化的发掘和传承,促进了社区的和谐发展。

（一）构建运行机制，全面推进了海岛社区教育

几年来的海岛社区教育探索，构建了乡镇政府统筹领导、社区教育中心主事、有关部门联动、社会积极支持、村企自主活动、群众广泛参与的镇、村居二级社区教育管理体制，各级领导切实履行各自职责，多渠道筹集社区教育经费，并整合辖区内的教育资源、文化资源、党建资源以及人才资源，为经常性地开展社区教育提供了有力的物质保障；建立了适合海岛小乡镇的"52＋T"社区教育模式，即"五线联动，分层推进，团队训练"的社区教育运行模式，形成多序列、多层次、多形式的立体网状教育体系，使社区教育组织管理得以落实，教育内容更具针对性，教育对象得到全民延伸，有力地推进了全员、全程、全方位的社区教育。同时，随着社区教育工作的推进，宣传媒体多次做了报道，成校的地位不断得以提高，影响日渐扩大，产生了良好的社会声誉。

（二）推进社区教育，提高了海岛居民的整体素质

不同形式、不同层次的社区教育学习，对海岛居民的思想产生了潜移默化的影响，他们的思想水平、理论水平、道德水平都有了较大提高，主要表现在：

弘扬了现代文明生活。海岛居民进图书馆学习的多了，学习信息技术的多了，参加文体活动的多了，助人为乐的多了，讲究饮食营养的多了，戒酒戒烟的多了，上访闹事的少了，搞迷信活动的少了，有病不求医的少了，搓麻将打牌的也少了。

增强了居民安全意识。每年自上而下开展各类安全生产、安全用电知识、森林防火知识、工伤急救护送、火灾逃生自救等培训，使社区居民、干部增强了安全意识，按规操作，消除隐患，杜绝了各类安全事故的发生。

增强了法制观念。过去外来流动人员不安心工作并时常与当地村民发生冲突，不少老年人也脾气暴躁、火气大，一不顺心，就冲动闹事，甚至出现村居干部霸道办事、强行拆除在建民房，导致6名村居干部违法一同被公安刑事拘留而轰动全县的事情。社区教育开展全民普法行动，使法律知识进村企、进家庭。现在海岛居民个个知法、懂法，办事总讲究依法。如在处理峡山集体资金流失和与国华电厂的关系上，他们都有理有据，派代表谈判，用书面形式向政府部门反映情况，不再集体上访，更不去闹事。外来流动人员也懂得遵纪守法，爱护公共设施，用法律的手段来维护自己的权益，如某企业外地职工与本地职工同工不同酬，他们不罢工不闹事，而是通过企业工会协商解决工资问题。

增强了环保意识。岛上各企业都配有节能减排环保员,经培训持证上岗,严格按环保要求操作。村民生活垃圾用塑料袋或垃圾桶盛装,由村里组建的环保队派专人清扫运载,统一处理。老年协会组织人员积极参与海洋资源保护的巡逻,配合渔政对海区巡逻检查,禁止用细眼网、串网、张捕网和用电、炸药等捕鱼作业,并划定区域加强对象山港水面和滩涂的管理,防止外地渔民对海底贝类生物无休止地采挖,并加强对排污企业的监督,督促村民保持环境卫生。

(三)加强团队训练,丰富了海岛文化生活

强蛟镇虽然是一个海岛小镇,但有着丰富的海洋文化底蕴,强蛟群岛被宁波市政府规划为旅游动感镇。

社区教育在"海"字中做文章,请县计划发展局和旅游局的领导来为海岛居民讲解海资源的保护与开发,同时请老渔民介绍自己对海洋资源开发利用与保护的感想,并组织讨论交流,帮助老年人进行人生经验的总结,让他们从自己的成功工作经验、先进人生阅历中展望海洋传统文化传承的前景,增进了海岛社区居民对海、船的亲切感。老年人向社会集资按原样修葺横山岛上的两所古寺,并在岛上搭建渔家式的凉亭,人们把横山岛称为"小普陀""吉斯岛",前来观光旅游的人络绎不绝。尤氏祠堂是宁海县内最有特色的祠堂,作为县保护文物,有一定的历史价值。老年协会出面向社会集资60多万元,把祠堂按原样修葺一新,还奔波全国各地收集古船模型、古船图片,创建了古船博览馆,展示船文化的发展,也为当地旅游开发增添了一个亮点,引来不少游客参观。

强蛟是渔业镇,每年正月初二民间都有举办行会的传统习俗。镇政府因势利导,将丰厚的传统文化引入社区教育,组建了11个文体团队,并带动各村企积极组建各类文体团队,加强训练引导,各种文娱团队项目不断增加,内容越来越丰富,参加活动的队员越来越多。各团队在镇、县重大活动中频频亮相,营造了浓郁的活动氛围,增强了文明气息。正月初二行会上恢宏的表演场面吸引了周边乡镇群众观看,形成了海岛亮丽的文化特色,被浙江电视台农村频道专题播报,女子龙灯舞队还被市里邀请到各县巡演。

(四)学为结合,促进了社会和谐发展

现在强蛟镇已出现历史上最好的局面:经济发展、社会稳定、环境清净、文化发展、村民家庭和睦、生活富裕,人与人友爱和善,近两万人的外来人员也与当地居民和睦相处,安居乐业。全镇所有的山林、竹林、海面、滩涂、海岛都由老年协会派人义务管理,自然资源得到很好的保护,修葺古寺、祠堂,创建古船博览馆,美丽的强蛟群岛成为宁海湾亮丽的旅游风景。清晨,不论妇女、老年人、外来人口,都加入娱乐、健身活动队伍,人们在马路等活动场地以适合自己的各种方式参加活动。有的跑步,有的打拳、舞剑,有的打球、有的跳广场舞……千余位老人还参加"千步健身行"活动,村居广场上男女老少同乐同练,欢笑声、乐器声、歌舞声汇成一体,静寂的海岛变得和谐而热闹。

培育社区社会组织

一、研究的背景

社区社会组织是社区居民参与社区建设的基本平台,浙江省宁波市海曙区白云街道党工委对此高度重视,把培育和发展社区社会组织作为重要工作来对待,2007 年街道成立了社区社会组织管理服务中心,各社区成立了服务站,使社区社会组织工作有了专门的工作机构和工作人员。

在社区社会组织培育发展工作中,我们发现街道下辖 10 个社区以文化教育、健身强体、自娱自乐等形式的社区社会组织活跃在社区教育的各个平台,而且在社区的引导帮助下逐步规范、健康地发展,如社区老年大学、社区英语班、晨练队、书画社、健舞队、象棋队等。这些组织对于丰富居民生活、陶冶居民情操起着积极作用,同时又能满足社区居民的学习愿望,通过社团活动,将学习与娱乐结合起来,寓教育于学习中,寓学习于娱乐中,把居民群众的学习主动性、积极性充分调动起来,大受居民欢迎,使学习具有内在生命力和持久动力,有利于学习型社区创建活动的深入开展。2011 年白云街道云丰社区成功创建了"宁波市优秀学习型社区",基于此,街道以社区社会组织培育为突破点,开展社区教育行动研究。

二、社区社会组织建设的举措

(一)加强培育,进一步助推发展

在原有的基础上成立街道社会组织联合会,加强社区社会组织的组织保障。坚持"软硬件配套,制度关怀并行"的原则,夯实创建社区社会组织的基础。

采取多种措施,整体推进社区社会组织的不断完善。一是设立了社区社会组织培育专项经费,重点用于设施完善、日常活动、宣传表彰等;二是搭建更多相互交流的平台,整体推进各类社区社会组织的发展;三是组织形式多样的活动,吸引更多居民参加到社会组织中来。每季组织一次大型的社区社会组织展示活动,各社区利用不同载体,结合文明创建、重大节日等开展活动,加强宣传,让更多的居民能根据自身兴趣参与到一个或多个社区社会组织中来。

(二)完善管理,进一步规范运作

1. 加强制度建设

2007 年以来,街道制定了《社区社会组织管理办法》,降低了社区社会组织的准入门槛,简化了程序,采取先发展、后规范的办法,允许尝试,鼓励探索,帮助社区社会组织完善自治章程,逐步建立并完善信息公开制度、民主议事制度、为民服务诚信制度、财务管理制度等一系列自律机制,并按照"定活动计划,定活动人员,定活动制度"的"三定"要求,促进其良性运作。

2. 有效整合

2007 年以来,街道将各社区文体类社区社会组织按活动类别整编重组成10 个沙龙,在此基础上,进一步在社区层面整合各个组织,从而更好地发挥各社区社会组织的优势,提高学习型组织的活动水平。

(三)有效引导,进一步促进居民参与

一是树立一批示范组织,积极发挥典型示范的辐射带动作用,进一步扶持基础好、作用好的社区社会组织走持续化、品牌化之路,焕发其活力。二是开展"草根明星""优秀义工"等评选表彰活动,吸引更多的居民参与,激励更多的成员为学习型社会组织做出贡献。

三、社区社会组织建设的推进过程

(一)成立街道社会组织联合会

2011 年 4 月成立了白云街道社区社会组织联合会。联合会坚持培育发展和监督管理并重的方针,为辖区内各类社区社会组织提供管理和服务,培育和指导社区社会组织的发展,制定和实施社区社会组织发展规划,并开展有利于社区社会组织发展的各类活动,为社区社会组织搭建交流学习的平台,使这些社团在组织上得到保证,在责任上得到落实。

（二）加强交流和分类指导

街道每年召开社区社会组织推进会，部分优秀的社会组织在会上交流好的做法、经验。同时还组织各支团队各自召开座谈会，探讨年度学习活动计划，并根据各社区社会组织的特点分类指导培育，规范备案登记，引导其开展各种学习活动，宣传社会主义精神文明，丰富社区居民的精神文化生活，倡导科学文明健康的生活方式。加强"从无到有"的培育，立足社区资源及居民需求，有针对性地培育一批新的社区社会组织；加强"从小到大"的培育，对已有社区社会组织按照"定活动计划、定活动人员、定活动制度"的"三定"要求，促进其由松散到规范的良性运作，吸引更多的居民加入，从而实现从小到大、健康有序的发展。

（三）搭建展示宣传平台

坚持"同质联手，异质互动"原则，每季开展一次社区社会组织风采展示活动。一月份，由牡丹社区社会组织承办的"学在牡丹，乐在牡丹，爱在牡丹——社区社会组织现场展示活动"；四月份，由白云庄社区社会组织承办的"余香浸润白云，服务快乐人生——社区社会组织才艺比拼"；十月份，由安丰社区社会组织承办的"情满金秋，爱在安丰——社区社会组织展示活动"，各有特色，精彩纷呈；十二月份，由街道社会组织联合会组织策划，各社区社会组织共同参与举办的"爱传万家，情满白云"白云街道社区社会组织大型展示活动暨社区"草根明星""义工之星"表彰大会更是轰轰烈烈，不同凡响。各社区还定期举办沙龙交流活动，设计不同载体，结合不同主题开展活动，以加强宣传展示，进一步扩大影响。

（四）加强对"草根明星"的教育引导

一个好的社会组织必须要有一个素质过硬的带头人，提高社区社会组织骨干的个人素质和能力是促进组织健康发展的基本保证。

加强培训，由街道组织社会组织负责人培训，集中学习社区民间组织的有关规定及发展与现状，邀请区民政局领导就如何提高社团自治能力进行辅导讲座；2016年还组织外出到北仑红联社区考察学习。这些既有无私奉献精神，又有一定实践经验的社区"草根明星"，为推动社区文化教育活动发挥了积极作用，从而形成一个骨干带动一批成员的社团梯次滚动发展新格局。

加强激励，街道每年在街道和社区两级组织居民对社区社会组织进行评比活动,并给予那些群众评价高的社区社会组织以物质和精神奖励。2005 年以来先后开展了"优秀团队"评比、"十佳学习型团队"评比、"魅力沙龙"评比、"社区之星"评比、"社区社会组织优秀负责人"评比和"社区社会组织创新活动"评比等;2016 年,又开展了"草根明星"和"优秀社区社会组织义工"的评比,并召开了表彰大会,这一系列的激励举措促进了社团自身发展,调动了学习型社团创建的积极性,进一步掀起了社区成员参与学习活动的热潮。

(五)通过形式多样活动,打造精品团队

社区教育涉及内容广泛,创新活动载体,提升活动档次,悉心打造精品团队,吸引社区居民积极参与,是促进学习型社区社会组织的创建和持续发展的重要途径。通过几年来的引导扶持,打造了一批精品团队,如墨趣书画沙龙(由4 支书画团队组成),共有成员 84 位,其中老年人 31 名、中小学生 53 名,年纪最大的 81 岁,最小的 6 岁。活动内容以学习临摹国画、写生画和硬笔、软笔书法等为主。活动形式是在团队自治的基础上,每年集中活动 4 ~ 5 次,适时聘请书画名家现场授课点评,经常性开展成员之间的学习交流,不断提高学习型社团的活动水平,成为宁波市社区社会组织互动示范基地。怡康门球沙龙每年组织球队参加区、市甚至全国的比赛,多次取得冠军;联南社区老年大学被评为"宁波市优秀社区社会组织";街道老年大学被评为"十好百佳社区社会组织"。牡丹社区 8 支发展较为成熟的学习型社会组织联合起来,成立了社区艺术团——晚霞艺术团,采取集中和分散相结合的方法开展活动,不断提升社区社会组织的影响力和凝聚力,2016 年成功转型开展公益活动,改为"快乐义工团",也被评为"宁波市十好百佳社区社会组织"。

(六)设立专项经费保证各项工作正常开展

在街道党工委的重视下,设立了社区社会组织培育专项经费 10 万元,用于设施完善、开展活动、宣传表彰等。同时,还积极帮助各社区社会组织通过申报公益服务项目向区社会组织服务中心争取资助,使社区社会组织的发展有了经费保障。

四、建设预期成效及推广价值

社区社会组织的健康发展在深化学习型社区创建工作中起到重要作用,尤其是在一些行政机构无法顾及的领域,其作用更是不可替代。依靠社会组织的

自治服务功能来满足不同人群的需求,促进社区成员的参与热情、自治能力、综合素质的不断提高,从而增强了对社区的认同感和归属感。

1. 社区成员参与率不断提高

随着社区社会组织的不断壮大,学习活动项目不断拓宽,从中老年的晨练晚舞队到书画歌咏队,从普通话、英语班到少儿象棋班,吸引了广大居民的自觉参与。社区居委会搭建平台,提供场地与设施,做好后勤保障与服务,让社区居民在教育活动平台自娱自乐、愉悦身心。许多居民深有体会,感觉参加活动后心态变年轻了,烦恼消除了,唱歌唱出了健康和快乐,自信心增强了,让他们更加热爱眼前的生活了。同时增强了社区居民对社区的荣誉感和对社会的责任感。自主学习热情更加高涨,变"要我学"为"我要学"。如玫瑰唱歌班,参加人数最多,因为唱歌能放松身心,舒缓情绪,所以参与率很高。此外还开展了越剧角、周末舞会、艺术沙龙等自助活动。

2. 社区组织自治能力不断提高

培育和发展社区社会组织,提高社区居民组织化程度,可以吸引社区居民广泛参与社区公共事务,又有助于提高社区居民有序参与事务的水平,其结果必然是社团组织自治能力提高,达到自我教育、自我服务、自我管理、自我监督的目的。

活动中涌现的一批自治功能较强的社会组织,他们从依赖到自主转变,从依赖居委会管理转向自主决定活动,从配角到主体转变,社会组织事务以自主为主。许多社会组织为丰富活动内容、提升活动档次,自主谋划聘请教师传授知识,自行编排节目寻找演出机会,自筹资金包装团队形象,发现问题自行解决等,这些都体现了团队精神,凸现了社团自治服务功能。

如夕阳红歌咏队,建立至今的运作过程中,充分体现了民主自治的效应。该队有较强的自治能力,他们自行推选出了既热心公益又有歌咏能力的7位队员为歌咏队的核心小组成员。队长全面主持歌咏活动,副队长负责歌咏辅导和后勤,各小组长为小组节目排练领班。班子分工明确,团结协作,遇事共同商议,步调一致,带领全体队员为活动的蓬勃开展起了关键性作用,歌咏队由19人发展到60余人,每逢节日喜庆或社区活动就组织专场演出,歌会活动持续308次。

又如阳光健身队队长邵梦,在社团自治方面悟出一套"建、管、活、立"的管理方法,目前该队逐步发展壮大,2008 年组建了梦之恋排舞俱乐部,其成员还积极参加社区各项公益活动,成为社区建设的一支生力军。

迎朝霞晨练队参加人员先后达 50 余人,为了使晨练队活动更有生命力,队长陈月莲带着队员向市公安局看守所、城西房地产公司等单位募集资金 6000 余元,用于队员统一服饰和活动奖励基金,让团队拥有活力。

3. 社区居民素质不断提高

以人为本是社区教育的基本原则,促进人的素质全面提高是构建终身教育体系的最终目标,社会组织的迅速发展有利于增进社区居民之间的交往和沟通。丰富多彩、形式多样的社团活动,将具有文化教育、健身强体等精神需求的群众组织起来,在玩中学,在乐中学,寓教于乐,倡导居民树立科学、文明、健康、正确的生活方式,引导居民遵守社会公民道德规范,拓宽人们奉献社会的渠道,在活动中既体现了自身价值,也陶冶了情操,促进了社区居民在文化素养、艺术体育等方面的素质提高。如常乐英语班是在社区居民的一致需求声中办起来的,社区有的老年人的子女在国外,需要语言上沟通;有的年轻时候没有机会学英语,现在有时间学了;有的居民原来学过,但多年未用,很多单词语法都遗忘了,希望重拾课本。在这些因素驱动下,常乐英语班就组建起来,社区居民、退休教师范亚琴自荐担纲教学任务。学员们从 ABC 到常用英语对话,从看不懂英文到能简单书写,不断进步,现在还能唱英语歌为社区活动添彩。英语班的学习给学员们带来了无穷的快乐,于是他们有了新的称谓——社区同学。为增进学习兴趣,全体学员还自行组织郊游休闲、参观交流等拓展活动。

社区社会组织的健康发展在推进社区教育工作中起到重要作用。社区成员参与率不断提高,社区社会组织的培育发展,增进了社区居民之间的交往和沟通;丰富多彩的社会组织活动,促进了社区居民在文化素养、艺术体育等方面的素质提高。

社区工艺传习俱乐部

一、创建的背景

2006 年,为了进一步深化和提升文明社区的创建水平,彰显社区个性和特

征,浙江省宁波市镇海区精神文明建设委员会下发了《关于深化文明创建、打造品牌社区的实施意见》。白龙社区是一个地处老城边缘的新建社区,在社区人口组成上呈现"三多一少一低",即流动人口多、低收入人员多、老年人多,机关干部少,居民整体文化素质偏低的状况。在这样的情况下,社区党委在经过一番调研后确立了开展手工制作特色教育品牌创建的目标。社区利用三年时间展开了具体工作:2006 年,明确定位,以"传承民间工艺,促进社区和谐"为理念,拉开创建工艺型品牌社区的序幕;2007 年 3 月 28 日,在社区发起"寻找身边的工艺人"活动;2008 年不断深化,综合提升,力求出成果出人才。

工艺传习俱乐部正是作为社区品牌创建的一个载体,一个为社区人员提供的平台,在 2007 年的"寻找身边的工艺人"活动结束之后,得以顺势成立。

二、学习圈的创建:工艺传习俱乐部

为了创建特色教育品牌,白龙社区在社区办公大楼的一楼门厅专门开辟了约 20 平方米的居民手工作品展示厅,用于陈列居民的手工作品,极大激发了广大居民参与品牌共建的积极性和能动性。

1. 学习圈的参加者

在工艺传习俱乐部,只要是社区内爱好手工制作的人员都可加入。俱乐部成立初期,社区工作人员便积极吸收了对制作手工艺感兴趣的社区的中老年人、失业人员、残疾人员等,让他们成为俱乐部的第一批会员。往后,随着俱乐部名声的增大,越来越多的居民加入了俱乐部,会员数量从最初的 58 名,扩展到现在的 166 名。

2. 学习圈的领导者

俱乐部成立初始,率先吸收了社区内一批有工艺特长且热心社会公益的手工制作能人,作为传播和普及传统手工制作的重要师资力量。比如:擅长做丝网花的屠菊彩,擅长串珠的林燕君,在美术方面有较高造诣的周盈刚,编织上有一技之长的叶安珠、徐惠珍……由他们带领学员学习手工制作技能。此外,俱乐部会不定时邀请一些外聘的工艺专家,为俱乐部成员提供高层次的培训,如著名的虎头鞋制作工艺传承人、民间艺人乐翠娣老人,民间非物质文化遗产金银彩绣工艺的传承人许谨伦先生。

三、社区教育学习圈的实践探索

(一)学习的内容

在俱乐部里,成员用以学习的内容非常多,灯艺、花艺、布艺、编织和纸艺等都在学习范围之内。具体来讲,做灯笼、做丝网花、串串珠、剪纸、刺绣、做香袋、织衣帽,都在俱乐部的交流学习范围之内。

(二)学习的方式及进程

为了方便教学,俱乐部根据成员的不同兴趣爱好,将俱乐部分成灯艺、花艺、布艺、编织和纸艺五个小组,成员根据个人爱好参与各个组别的活动。

各俱乐部有自己的教学方法,即"规定动作"和"自选动作"相结合。"规定动作",是指每月由俱乐部安排教师教学,小组集体开展手工艺制作学习。至今,俱乐部已经举办了 9 期花艺、纸艺、编织、布艺等培训班,参与人数达到 200 余人。"自选动作",则是指会员有兴趣或有空闲,平时可自行组织到俱乐部进行学习。

俱乐部成立之初,便适时安排各个小组开展工艺制作指导、培训,会员们循序渐进,从基础性操作学起,然后拓展品种和类型。

(三)学习圈的实践特色与推广价值

1. 以居民需求为导向

俱乐部开展诸如织毛线拖鞋、剪纸、做香袋、裁剪、串珠、编织等培训活动,这些普及类的培训课程不仅通俗易懂,而且实用性强,深受居民的喜爱。社区工艺传习俱乐部成立后,不同层次、不同年龄段的居民均表现出了高度的参与热情。如今,工艺传习俱乐部已成为居民学习、交流手工制作的崭新平台。

2. 教学方式多样化

在俱乐部里,社区采用了"规定动作"和"自选动作"结合的方法。此外,不仅动用社区内的人才资源,俱乐部也采用"请进来"的方式,外聘工艺专家为俱乐部成员提供高层次的培训,如著名民间艺人乐翠娣老人的虎头鞋制作工艺,民间非遗传承人许谨伦先生的金银彩绣工艺,这种"下里巴人"和"阳春白雪"相结合的培训方式,不仅让居民们掌握了通俗的手工制作技能,而且对传统民间工艺也有了更深刻的认识。

3. 关注弱势群体

社区内有一位张姓姑娘,从小患小儿麻痹症,一直非常自卑,不善于与人交流。社区工艺传习俱乐部成立之后,社区就动员她一起参加活动。自从参加了俱乐部活动,接触的人多了,小张的心情也变得开朗了。后来,社区要招募残疾人专管员,考虑到小张家里经济条件不好,就把小张招募进来了。现在的小张充满了自信,也非常热心地为社区残疾人服务。

4. 学习与传承并举

2011 年 8 月,工艺传习俱乐部的会员深入小学,教小学生用易拉罐做手工。每逢暑假,俱乐部都会让社区里的孩子和俱乐部里的会员一起学习剪纸、丝网花等工艺制作技术。

5. 学习与慈善并行

2008 年 10 月 18 日,在白龙社区举行的"真情献慈善,爱心总动员"的活动上,由工艺传习俱乐部成员制作了 200 朵丝网花作品,进行慈善义卖,将所得全部用于"慈善一日捐"中。为了表达对社区弱势群体的关爱之情,每年冬天,成员会带着自编的帽子、手套、护膝等防冻用品,加上编织组收集会员在平时编织的绒线帽子、手套、棉拖鞋等作品,送到社区内 80 岁以上老人和独居老人的手中,为社区内的 20 多位孤寡老人送去温暖。

6. 俱乐部给了成员展示机会,给成员带来信心

2008 年国庆节,俱乐部精心策划了以"明礼仪、庆国庆、迎奥运"为主题的居民手工作品展,由俱乐部剪纸组成员精心剪成的作品 40 余幅在镇海区人民大会堂广场展览。同时,俱乐部也积极促成成员的作品通过间接的方式得到展览,比如在镇海经贸文化节开幕式上,由俱乐部灯艺组成员为《喜庆花灯》节目自主设计的荷花灯道具耀眼亮相。2010 年,灯艺组为澥浦某学校制作了澥浦船鼓的渔灯,在首都天安门广场展出。社区通过手工作品展评、展览等活动,提高了居民对品牌教育的公认度。如社区在手工作品展厅内举办"喜看品牌社区丰硕成果——居民手工作品展评"活动,80 多件毛线织品、串珠、根雕等作品,经俱乐部成员的斟酌、评定,评选出"最佳制作奖"九个,"最佳收藏奖"一个;在镇海区美术馆举办为期一周的"祝福世博,共享和谐——居民手工作品展"活动,廉政剪纸、世博十字绣、布艺等作品,既体现了居民健康向上的精神风貌,也展现了品牌社区结出的累累硕果。再看,"火炬灯"挂在了文明楼楼道里,丝网花送

到了党员手中,"寿"字剪纸作品摆在了70周岁以上的老人家中……品牌教育,正在对居民产生潜移默化的影响,同时也引起了越来越多居民的共鸣。

7. 交流功能

俱乐部里的成员大部分是老人,当然不仅仅是老人。老人具有较多的闲暇时间,有些老人虽然物质生活富足,但精神生活相对枯燥;有些残疾人成员自信心不足,性格孤僻。工艺传习俱乐部不仅为社区成员提供了一个学习工艺的平台,也增加了他们交往的机会。比如一位叫周咏芬的老人,子女都在外地工作,平时,她在家里带孙子,孙子上学的时间,她一个人待在家里很无聊,社区工艺传习俱乐部使她有了打发空闲时间的好场所,她在这里结交了很多老年朋友,人际交往的范围一下子拓展了很多。

社区教育"学习圈"的镇海模式

一、研究的背景

浙江省宁波市镇海区,地处长江三角洲南翼,北与上海浦东新区一衣带水,东与舟山群岛隔海相望,素以"海天雄镇""浙东门户""商帮故里""院士之乡"而闻名遐迩。为浙江省经济发达县(市、区)之一,人均 GDP 超过 17000 美元。独特的地理位置和深厚的文化底蕴,为构筑镇海区多元立体的"学习圈",提供了扎实的社会基础、资源基础和实践基础。

近年来,镇海区教育局在构建全民学习、终身学习的学习型社会,促进人的全面发展的大背景下,以创建学习型城区为主线,整合社区教育资源,突破了原有社区教育三级网络架构,采取满足市民需求、政府积极助推的工作机制,开展了社区教育"学习圈"特色创建的实践和研究,使"学习圈"成了学习型镇海建设中最具生命力的组织细胞和社会单元。在扎实的社区教育实践过程中,镇海区逐渐形成了一套独具特色的社区教育"学习圈"模式。

二、社区教育"学习圈"的概述

(一)社区教育"学习圈"的概念

"学习圈"又称学习小组,"是朋友或熟人组成的团体,他们为共同的目标而组织在一起,并且进行预定的科目或问题的有计划的学习",以小组成员面对面坐成一个圈进行交流和讨论而得名。

社区教育"学习圈",是社区教育的一种组织模式,是大众非正式学习的主要形式之一,是广大社区居民终身学习的重要载体。它从社区居民的生活、问题、学习出发,分析他们的学习需求,以需求为导向,充分发动群众,通过资源整合、分类归并、因地制宜,来构建不同层次不同对象的学习圈组织,涵盖横向从老百姓的生活休闲到专业人士的业务提高,纵向从小朋友的兴趣爱好到老年人的健康养生的各类人员需求等多种类型,以呈现宽领域、广覆盖、多层次、社会化、平等性的特质。从而让所有具有共同爱好、共同学习需求的学习者紧密地联系在一起,形成一个学习型的微型组织,学习圈内成员在专家的主导和引领下,进行团队学习、合作学习、相互交流、知识共享、共同提高。

(二)社区教育"学习圈"的特征

1. 低成本性

学习费用应是廉价的,不应该有任何人仅仅因为经济原因而放弃学习。几乎80%以上的学习圈的费用,均由政府进行财政补贴,免费向社区居民开放,切实满足广大人民群众的终身学习的需求。

2. 易学习性

学习方法应是简单的,每个人都能参与,无论他(或她)以前所受教育程度如何。学习圈的内容涉及科普、文艺、体育、社交礼仪、环保、实用技术、家教等,一般门槛都很低,没有任何的学历资历限制,任何人只要喜欢,都可以参与进来。

3. 参与平等性

参与者都是平等的,都有相同的机会来表达自我,在规划学习方面都有发言权。只要有兴趣爱好,有学习的需求和愿望,任何社区居民都可以参加,享受社区教育带来的学习成果。

4. 自主选择性

参与者在学习期间均可以自主选择学习的内容、学习的时间、学习的地点、学习的方式、学习的途径等,学习者拥有绝对的自主选择权,因为从本质上讲,"学习圈"本来就是一个政府支持下的群众性的社会组织,学习者是"学习圈"的主人,也是自己终身学习的主人。

三、社区教育"学习圈"建设的机制与过程

1. 保障体系,促进"学习圈"的有效运行

建立健全的管理机制、考核机制、激励机制、保障机制等,是学习圈健康运行的保障。随着"学习圈"特色建设工作的不断深入,镇海社区学院联合区委、区政府,宣传部、妇联等多家机构,先后出台了《关于授予镇海口海防历史纪念馆等十八家单位社区教育基地的通知》《关于进一步加强"学习圈"建设,推进社区教育深入发展的意见》《镇海区关于推进数字化学习活动的通知》《关于组织开展镇海区 2011 年社区教育实验项目的通知》《关于申报 2011 年镇海区社区教育特色课程的通知》等一系列文件,从政策层面上保障"三大学习圈"的规范运作。编制"学习圈"工作手册,系统规范地记录各学习圈的成员构成、计划总结、活动开展、发展成果、成效荣誉等,推动学习圈的规范建设。还建立完善了"学习圈"评估指标体系,通过考核、评选"学习圈"的组织示范点、表彰骨干个人、优秀学员,调动各"学习圈"及成员的学习积极性。

2. 弘扬特色,丰富"学习圈"的文化内涵

一是丰富"学习圈"的文化内涵。只有将"学习圈"活动融入文化的内涵,赋予文化的气质,"学习圈"的生命才会长盛不衰。如总浦桥社区的蒋开达太极拳工作室(学习圈),年近八旬的蒋开达老人 20 余年义务为 2100 多人次传授太极拳。蒋开达老人不仅重技,更重"论道",工作室除了传授精湛的太极技艺外,更注重培养学员豁达、开朗、阳光的心理品质,培育学员终身热爱体育、崇尚健身、追求健康的生活习惯,提升学员奋发向上,团结拼搏,争创一流的精神,最终从太极拳运动中提炼出独特的精神文化内涵,使每一位学员身上都带有这种文化的印记。

二是推进"学习圈"的文化传承。在了解文化、学习文化的基础上,享受文化,创造文化,体现了文化的自觉和自信。目前,全区已有近 80 个"学习圈",以挖掘和传承传统文化为依托开展各项教育活动,学习圈既是文化学习的场所,也是传承文化的重要平台。如地处海边、历史上以出海捕鱼为生的澥浦社区建立了渔文化学习圈,他们深入挖掘渔文化的潜质、根据渔民捕鱼活动而复原的"澥浦船鼓"入选省非物质文化遗产名录,并在第八届全国残疾人运动会开幕式等大型活动上展示风采,享誉全国,"学习圈"也成了远近闻名的传统文化展示

圈。还成立金亚尼剪纸工作室、蛟川走书传承基地等，为富有镇海特色文化的蛟川走书、金亚尼剪纸、宁波呔喝，输入新鲜血液展现脱胎换骨之美。

3. 多维一体，建设学习圈课程体系

如何将常见的"学习圈"活动上升为文化建设的高度，积极推进学习圈课程建设是必不可少的。镇海区先后开发了一批具有区域特色的"学习圈"系列课程，如学习圈示范基地编写的《海防文化》《商帮文化》《院士文化》，特色品牌社区学习圈开发的《十万市民学礼仪》《流动花朵假日活动课程》，民间草根学习圈开发的《蒋开达太极拳》《家庭中的环保教育》《理好家庭中每分钱》等，形成了富有"学习圈"个性特色的课程体系，为"学习圈"活动开展提供了最基本、最实用的教材，满足了市民的多样化需求，提高了市民整体素质和生活品质，促进了社区教育内涵发展。

4. 项目推进，丰富学习圈类型

推进学习圈向更高层次发展，必须加快学习圈的项目建设，学习圈的项目研究是学习圈发展的导航标。目前，镇海区有国家级项目 2 个、省级项目 1 个、市级项目 4 个、区级项目 20 个。成立了海田阿姨工作室，创建了以家政服务为特色的学习圈，开始了《产学结合，"海田阿姨"家政服务品牌建设探索》实验项目，注册了"海田阿姨"商标品牌。学员完成培训课的各项内容，通过职业资格考试后，她们可以自主就业，也可以通过工作室组织的推介会实现就业。这一项目帮助农村富余劳动力实现再就业，提高了家庭收入；缓解家政服务的供需矛盾，满足了市场对家政服务的需求；为家政服务市场提供了高素质的工作人员，受到了服务对象的热烈欢迎，真是一举多得。

四、社区教育"学习圈"模式创建举措

打造多维度立体架构的"学习圈"组织，即以市民群体为中心的"民间草根学习圈"，以居民社区为中心的"特色品牌学习圈"，以社区教育基地为中心的"文化资源学习圈"，以网络化平台为中心的"数字化学习圈"。

1. 培育民间草根的"学习圈"市民群体

社团组织是学习型社会建设中一支重要的民间有生力量，为了能充分发挥它们在各自专业领域和团队群体中的组织优势，促进全区社区教育工作更务实、更广泛地开展，镇海区创建并规范以民间和非正规社团组织为基础"民间草

根学习圈组织"。

所谓"民间草根学习圈",就是具有相同志向和趣味的人通过志愿组成的学习群体,他们分享各自带来的知识,交流各自带来的经验,提升各自的学习能力和综合素养。结合社区居民的兴趣爱好、学习需求,创建一批民间草根学习圈,内容涵盖心理调适、养生保健、文化娱乐、家庭园艺、传统手工、科普知识、实用技术、家庭教育等跟百姓生活息息相关的教育文化活动,让志同道合的社区邻里高高兴兴地聚在一起,相互交流、相互学习、共同提升。

2. 打造特色品牌的"学习圈"居民社区

为充分整合各辖区内的人文资源,积极推进社区教育项目的特色品牌创建工作,建立既符合辖区实际,又各具特色的学习圈,要以居民社区和楼群为基地,打造特色品牌学习圈,开展以满足不同群体需求为内容的特色学习活动。

特色品牌学习社区,就是以社区为单位,探索具有本社区特色的社区教育活动,实施"一社一品",开展特色品牌学习社区评比建设,鼓励各社区根据自己的实际情况,打造出具有本区特色的精品学习圈,邀请专家进行考核评估,通过后,授予"社区教育特色品牌社区(村)"称号。通过以评促建,以评促发展,各社区以创建特色品牌学习社区为契机,将学习和教育视为促进社区发展和社区建设的主推力,视为满足社区居民终身学习需求的重要载体,社区居民在参与社区学习活动过程中,不断密切彼此的关系,增加社区居民的认同感和凝聚力。

3. 拓展地域文化的学习圈示范基地

按照"挖掘资源,营造特色,龙头带动,形成网络"的原则,根据不同地域得天独厚的优势和独具特色的文化资源,依托各类地方性的历史纪念馆、特色文化公园、系列文化工程、名人文化馆、爱国主义教育基地、各类博物馆、地方院士风采馆、主题文化博览园等一批地文化基地,打造一批具有鲜明地域文化特色的资源辐射型学习圈示范基地,涵盖不同主题元素的历史和人文教育资源,为推动学习圈创建提供极为丰富的资源。

建成的社区教育基地,要对全区居民以教育主题化的形式免费开放。同时,通过打造市民大讲堂、开设专题讲座,依托市民学校、开展主题教育,借助各级培训、落实相关课程等多种途径广泛宣扬和传承地方人文精神。增强居民对辖区悠久历史和灿烂文化的了解,培育他们爱国爱家的良好情感。

4. 建立现代技术的学习圈数字中心

依托社区学院办学优势,创办面向全体市民的终身学习数字化教育公共服务平台。这个平台应具有四大开放性:教育观念的开放,教育对象的开放,教育时空的开放和教育方法的开放。

结合社区教育学习圈建设工作,建立以数字化学习中心为基础平台,向全区市民提供远程网络课程和各类学习资源的数字化学习圈。这类学习圈有两种模式:一种是利用数字化学习资源开展传统意义下的学习、讨论与交流活动,把数字化课程作为资源来使用,这种学习圈跟传统的学习圈没有大的区别;而另一种数字化学习圈则是把现代网络技术作为工具来使用,如建立 QQ 群、聊聊吧等进行学习、交流与讨论,依托现代网络技术,开设市民学习、业务培训、学历教育、考试中心、学习论坛等栏目,通过分层建设、分步实施,以实现百万级用户注册管理、在线课程学习的目标。

五、实践的成效与推广价值

(一)政府重视,形成了学习圈运行机制

2010 年初实验项目领导小组成立,由宁波市镇海区教育局分管局长全志伟任组长,社区学院常务副院长任副组长,教育局职成教科、社区学院社教部等多位教师共同参与项目实验。在 1 月和 2 月,镇海社区教育委员会牵头,分管副区长主持,召集全区各社区教育中心负责教师、各社区(村)社区教育主管领导共同研讨了学习圈模式在镇海区推进社区教育发展的作用和意义。经过深入调查研究,制定出台了《关于开展社区教育优秀社团组织评比活动的通知》《关于开展特色品牌社区创建活动的意见》,明确了创建要求和评比细则。学习圈建设工作所达成的共识,不仅是全区社区教育工作的一个载体,更是推进社区教育向多元立体化发展,向最基层的居民、村民深入的一个重要抓手。

(二)突破定势,构建了四级管理网络

学习圈建设是学习型社会之基石,是推进社区教育的一种有效形式和载体,在政府引导推动下,民众自发、自主组织参与资源共有共享,把社区教育体系建设从政府主导的社区学院、社区教育中心、村(市民)学校延伸到了各类学习群体,拓宽了参与面,延长了网络链,突破了原有社区教育三级网络架构,形成了层层有学习圈,处处有学习圈,上至社区教育委员会,下至草根的居民学习

圈的四级发展构架。

（三）全面推进，提高了社区教育覆盖率和市民参与率

四大学习圈建设的不断推进，构建社区教育 10 分钟学习圈，实现了市民步行 10 分钟就能享受满足自我需求的社区教育服务的目标，大大提高了镇海区社区教育覆盖率和市民参与率。2008 年全区开展市民教育培训活动 300 期，参与近 6 万人次，参与率为 16.8%。2011 年全年开展各类教育培训活动近 2 万次，参与近 30 万人次，参与率达到 71.9%。2010 年，我区申报了《社区教育"学习圈"特色建设的探索与研究》课题，该课题被确定为浙江省社区教育实验项目，同年又被确定为全国教育科学"十一五"规划 2010 年度教育部规划课题（课题批准号 FFB108041）。《宁波晚报》等多家媒体以《镇海活跃着 288 个学习圈》为题专题报道了镇海的社区教育学习圈建设经验。《今日镇海》开辟"走进学习圈"专栏，进行系列汇报。

（四）贴近大众，丰富了市民的现实需要和精神需求

行之有效地开展社区教育，贴近民众生活、满足市民需求是镇海区开展学习圈建设的核心。从市民的实际需求入手，把解决市民实际问题作为重点，让市民在学习交流中不断积累知识，不断充实自己、提高自己，在学习中丰富精神文化生活，提升精神境界，提高生活品质。如老乐汇、京剧票友会、女红手工坊等学习圈，他们在专家或行家的指导下，通过自由讨论与交流，不断赢得健康、幸福、快乐。

（五）打造品牌，呈现了项目化、品牌化、个性化的社区教育模式

社区教育是一项需要不断实践、不断探索、不断发展的新生事物，需要不断创新有效载体和多元平台。镇海区社区教育在学习圈模式的推动下，坚持市民喜爱、形式多样、寓教于乐的原则，创建了"全民读书节""睦邻节""冬至文化节"等社会影响大、群众参与面广的教育载体和活动形式，呈现了社区教育工作项目化、品牌化、个性化的发展路径，为广大市民构筑了多层次、多元化、开放式的社区教育平台，满足了市民多样化的学习需求，促进了社区建设和社区发展。

社区教育与普通教育相比，外延更加宽泛，内涵更加丰富，模式更加多样。学习圈模式仅仅是在社区教育现代化发展的一种探索和实践，要形成镇海特有的社区教育品牌，还有更长的路需要走，镇海区教育局愿意与广大的社区教育工作者共同实践，不断创新，担当新形势下社区教育工作的重任。

桃源讲堂

一、案例背景

浙江省宁波市鄞州区横街镇（"横街镇"现已划归"海曙区"）人杰地灵，素有桃源之乡的美誉，拥有数千年的深厚的桃源文化底蕴。桃源书院原为北宋王说先生讲学之所，以其叔父鄞江先生王致旧宅酌古堂改建而成，人称王说为"桃源先生"。桃源先生教授乡里生徒三十余年，致力于儒学传播。熙宁九年（1076），宋神宗赵顼赐御书"桃源书院"额以示褒奖，书院地位由此确立，且名声大噪。据《鄞县志》记载，两宋时期鄞县共有书院 14 家，桃源书院即为其中佼佼者，甚于官办县学。王安石变法之时，誉桃源书院为"郡学"，可谓当时浙东最高学府，也为宋代浙东书院中规模最大、办学最久、影响深远的书院之一。

然而，现如今，在这片闪耀着无限光辉，承载着深厚文化底蕴的美丽土地上，交织着诸多不和谐的声音：居民社会公德意识淡薄，出口脏话、随地吐痰、乱穿马路、乱贴乱画、麻将四起、乱停乱放、破坏公物、红白喜事大操大办，严重影响了"桃源之乡"的文化形象与文化自觉，农村居民的文化素质亟待提升。

基于此，横街成人学校坚持"培育新市民、树立新风尚、弘扬正能量、构建新载体"的工作思路，深挖桃源文化的内涵精髓，打造"桃源讲堂"育人模式。通过传承和学习历史文化精神，提升居民的文化价值观与文明素养，增强居民的文化认同感与自信力。横街成人学校开展以桃源讲堂为载体的居民素养提升工程。

二、桃源讲堂的概况

桃园讲堂是横街成人学校搭建的面向社区群众的，以提升居民文化素养、提高居民生活质量为宗旨的群众性大课堂。桃源讲堂内容极其丰富，涉及心理健康、理财咨询、家庭教育、公共卫生、文明礼仪、日常生活常识、健康知识、实用农技、婚姻关系、法律法规、计算机操作、普网教育等。横街镇还聘请了多名区内外专家名师、社区教育志愿者担任讲师，通过讲座、现场咨询、实地指导等多种模式，吸引镇民走进桃源讲堂。

桃源讲堂以丰富的内涵、灵活的课堂形式、实在的教学效果，走近横街居民的生活,逐渐孕育横街社区的教育特色。截至目前,横街镇接受教育培训的各类人员已达 4.6 万人次,参加文化活动的各类人员达 2 万人次,当地居民道德素养和精神面貌焕然一新。

三、桃源讲堂社区教育的实践探索

(一)以成人学校为龙头,搭建桃园讲堂教育载体

1. 加强领导,落实责任

为加强统筹管理,横街镇政府构建了党政合力统筹、横街成校牵头推动、职能部门积极配合、干部群众全员参与的桃园讲堂管理体系。

成立了桃园讲堂工作领导小组,以镇长为组长,党群书记、分管教育副站长、横街成人学校校长为副组长,镇团委、组织、纪检、工会、政法办、农林站、司法所、文化站、广播站、工办等有关同志为成员。

领导小组下设办公室,总联络员在横街成人学校,横街成校校长任总联络员,明确了工作职责,落实了教育任务。建立联席会议制度,每年两次召开桃源讲堂专题会议,对横街镇的社区教育、成人教育工作进行研究部署。根据会议精神,制定桃源讲堂年度培训计划,使各部门凝聚合力,各项工作扎实有效地推进。

2. 制度保障,建立网络

2008 年 3 月,横街镇政府根据《鄞州区社区教育工作条例》,制定了组织管理制度、工作制度和经费保障制度。专门设立了人均 3 元的社区教育经费,连续 6 年,按时足额发放。还制定了《社区教育领导小组会议制度》《联席会议制度》《社区教育专干例会制度》《档案管理制度》等。

在镇党委政府的领导下,镇辖区的企事业单位和社区,都建立了社区教育工作委员会,由主要负责人任主任,建立了明确职责、相互配合、资源统筹、功能强大、跨界融合的社区教育网络。

3. 搭建载体,打造品牌

桃源讲堂是横街社区教育的一面旗帜、一个文化品牌。桃园讲堂设计有醒目的标识,品牌目标为:培育新市民、树立新风尚、弘扬正能量、构建新载体;品牌宗旨为:搭建全面学习平台,提高镇干部和群众素质,创建和谐横街,拓展教育培训内涵。依托桃源讲坛,积极开展企业职工培训、安全培训、农民培训、妇女课堂、青少年教育、法制教育、新市民培训、成人学历教育等。

4. 加强宣传,扩大影响

横街成人学校通过社区宣传栏、告示通知栏、标语横幅、广播站、有线电视台、微信公众号等方式,大力宣传桃园讲堂的品牌文化、品牌内涵、品牌宗旨,扩大了品牌影响力,吸引了更多的社区居民走进讲堂,谱写了全民终身学习的新篇章。

(二)整合各类优质资源,建立社区教育支撑体系

1. 吸纳各类人才,打造骨干教师团队

横街成人学校充分整合辖区优质教育资源,区内外专家讲师、党校教师、政府部门领导、部门技术人员、学校教师、社区教育志愿者、能工巧匠纷纷走上讲坛。此外,还组建了一支由共青团志愿者,巾帼义务工作者,法律、卫生服务志愿者等80人组成的服务者团队。

2. 切近居民需求,建立三级教育课堂

桃源讲堂的总部设在横街成人学校,第二级课堂设在镇政府党校、团校、各部门(单位)教室,第三级课堂设在辖区企事业单位和全镇各村的村民学校、文化阅览室、体育健身点、活动培训室。三级课堂既可以独立开课,也可以提请横街成校开课,师资均由横街成人学校统筹安排,从而较好地解决了过去社区教育缺阵地、缺载体、缺师资的难题,为桃源讲堂的高效推进奠定基础。

(三)打造统一学习平台,开展全民终身学习实践

1. 统一办班,资源共享

横街成人学校与政府各职能部门负责人建立联席会议制度,联合开展有关学习培训、教育科研、帮困辅导、资源共享等方面的工作。统一开班,形成了由横街成校牵头,各方参与的共同体,学校、政府部门、社区单位打破了围墙,在社区教育大舞台上,各单位各显神通,各自扮演着自己的角色,为社区居民搭建了强有力的学习平台。

2. 统一开课,互惠互助

横街成校与社会力量办学、职前职后培训机构、岗位培训机构等开展签约培训,尤其是居民培训、劳动力转移培训中,采取上门培训、主动培训、按需培训、分类培训、订单式培训等多种方式,开设计算机、保安、电工、裁剪、电子电工等热门培训项目。

3. 统一支持, 指导协调

桃源讲堂以社区居民需求为导向, 以项目培训为特色, 以长短期培训为重点, 开设各级各类培训班与主题活动课。针对特殊人群开办暂住人口法制教育、给企业职工开设亲子课堂等, 还开设中式面点、美容美发、育婴师、养老护理、插花等培训, 满足社区居民由生存型向充实型过渡的培训需求。

四、成果及推广价值

(一)龙头引领, 攻坚克难, 破解了办学无门的老难题

横街成校建立的桃源讲堂以社区教育为龙头, 充分整合全镇各类优质教育资源, 有力地解决了办学成本高、效益低的难题。横街成人学校通过与政府部门、企事业单位、社会培训机构联合办、签约办、互助办等形式, 开展各级各类培训, 从而帮助社区教育走出办学无场地、无师资力量、组织无号召力的困境。

(二)资源整合, 科学谋划, 建成了桃源文化课程体系

横街成人学校在广泛征求社区居民学习需求的基础上, 开发了百姓急需的多元化、个性化、特色化的社区教育课程, 形成贴近社区群众生活的文娱类、技术类、知识类、培训类的培训课程体系。近两年来, 桃园讲堂共开设培训60余场, 培训人员4200多人次。

(三)按需施教, 全民学习, 营造了社会和谐的新风尚

横街镇借助桃园讲堂这个全民学习、终身学习的载体, 增强了教育的凝聚力、号召力和影响力, 激发了社区居民的自豪感, 增强了居民对社区教育的认同感, 从而引导居民自觉走进教育课堂, 形成了人人可学、处处能学、时时皆学的终身学习的氛围。

实践证明, 桃源讲堂是一种有效的社区教育载体, 通过统一的社区教育领导小组、社区教育教学部、社区教育资源建设部, 多种教育形式和教育层次互通互联, 形成了居民素质提升的乐园, 从而形成了良好的社区文明向心力和正确的舆论导向, 提升了居民的文化修养。横街镇基本形成了"个个讲文明, 人人爱学习, 处处是课堂, 行行学技能"的良好社会风尚。

卫城文化社区教育实践

一、研究的背景

浙江省慈溪市观海卫镇地处杭州湾跨海大桥的南岸,有着1200多年的建镇史和600多年的建卫史,有记载的人类居住年代可追溯到2000多年前,是浙东地区历史最悠久的古镇之一。

2002年,把原师桥镇、鸣鹤镇、观城镇合并以后,恢复观海卫镇的旧称,其实也统领了传统意义上的三北地区(慈溪、余姚、镇海三县的海滨之地)的绝大部分区域,地区文化底蕴更加浓厚。2010年观海卫镇被宁波市批准成为卫星城市建设试点镇,充分发挥政策优势,提出了"观山观水观海卫"的口号,意在全国范围内打响观海卫的品牌特色。独特的地理位置和深厚的人文历史沉淀,形成了别具一格的地域文化特色和富有教育意义的人文自然景观,如观城太极、沈师桥历史、鸣鹤古建筑等,特别是积淀了六百余年的卫城文化,别具一格的街巷、要塞、古关隘和烽火台等地域景观遗迹,以及汤和、戚继光等的人文荟萃,蕴藏着丰富的人文教育素材,彰显了先民崇德尚礼、不畏强暴、爱国爱乡的优秀品德和通达四海的智慧,成为现代社区教育取之不尽用之不竭的资源宝库。

当前,观海卫镇作为宁波市七大卫星城市之一,面临着快速度、高档次发展的机遇,城市化进程促使居民的素质提升。社区教育担负着提高居民综合素质的重大责任,研究"卫城"文化特色与社区教育实践有着极大的相关度。

二、卫城文化概述

(一)内涵解读

任何一种文化都是基于人们的社会实践,是人们长期社会实践创造所形成的产物。广义的地域文化是指中华大地不同区域物质财富和精神财富的总和,狭义的是指某一特定区域内源远流长、独具特色、传承至今的文化传统。

卫城文化是观海卫所特有的一种地域文化。对于观海卫这座古老而又年轻的城市来说,卫城文化就是它的灵魂,也是支撑这座城市发展壮大、生生不息的源泉。

卫城文化记录着观海卫人勇抗外虏、保卫家乡的壮举。从洪武年间信国公汤和在卫山脚下筑城建卫，到抗倭名将戚继光在此横刀立马、抗击倭寇，再到近代三北儿女抛头颅、洒热血，奋勇抵抗日本侵略者，一个个历史遗迹，无声地诉说着那曾经的峥嵘岁月，留给后人一段段历史的传奇。

卫城文化造就了观海卫人百折不挠、开拓进取、海纳百川的人文精神。卫城文化彰显了尚文崇礼、爱国爱乡的优良品质，养育了一方百姓，传承了中国传统文化的精髓。

（二）文化渊源

首先是卫所制度，卫所制度是明朝的一种军制，是明太祖称帝前在南京创建的，是明朝军队中最为重要的一部分。这种制度是模仿北魏隋唐的府兵制，又吸收了元朝军制的某些内容，属于自给自足的军屯类型。每个军士受田 15 亩（后为 50 亩）以维持生活。给耕牛农具，并免其田租徭役，从而使朝廷无须从国库按月拨发粮饷便能维持一支庞大的边防力量。

卫城即军事要塞，明代的屯兵重地称为“卫”。700 多年前的明代洪武二十年，62 岁的开国老将汤和受朱元璋之命代巡浙东海防。慈溪是“唐涂宋地”之处，观海卫在明代地处海陆之交，有“两浙屏藩，宁绍门户”之称，地势十分险要，也是明嘉靖年间倭寇侵犯大陆的主要登陆地。为防范倭寇入侵，汤和决定整饬海防，在这里建卫，驻有 5000 多名精兵，形成了一个重要的军事要塞。

“卫名观海，海之大观在卫也，昔始皇东巡，刻石会稽，留师勾贸，观海于其地也，因名焉”（《观海卫志》），汤和的建卫与秦始皇的东巡联系在一起，使观海卫名声大振，远的与天津卫、威海卫、金山卫并列称为“沿海四大卫城”，近的与宁波卫、定海卫、昌国卫合称“宁波府四卫”。汤和还在观海卫下设两所，东为龙山所，西为三山所（今为浒山）；所下设巡检司，即淞浦（掌起）巡检司、洋浦（桥头）巡检司、三山（樟树）巡检司和眉山（周巷）巡检司（现皆为慈溪市下辖重镇）。以浪港山为中心，在沿海山头上设置了许多烽火台，日烟夜火，以传警递信，使三北地区（慈溪、余姚、镇海三县的海滨之地）百里连营，形成了一道坚固的军事防线。

汤和又动员民众开山凿石，垒土筑城，建成了具有军事意义的观海卫城。观海卫城形正方，城内建有三十六街和七十二弄，按八卦四正四偶的原理，构成一个用兵的阵图。据说汤和所营造的卫、所五十有九，以街弄布阵的只有观海卫一座。明嘉靖年间，倭寇开始频繁入侵观海卫，戚继光派遣先锋营驻扎观海

卫(至今这里还保留着营房村的名字),卢镗、谭纶、俞大猷等抗倭名将屡次在此建功。戚继光来到观海卫时,对这里的街弄布阵十分赞赏,并据此创造了著名的阵法"鸳鸯阵","戚家军"的威名远播,打得倭寇闻风丧胆、胆战心惊。

三、卫城文化社区教育的实践

挖掘本地区传统文化血脉,通过社区教育的平台,把卫城文化的精髓与时代精神结合起来,使之发扬光大,达到提高当地居民整体素质、推进和谐社会建设的目的。通过查询文献资料、考察实地遗迹、访谈当地百姓、请教专家学者等方式,尽可能全面、真实地搜集相关资料,整理成册,形成社区教育的校本特色教材。

(一)提纲挈领,汇聚卫城文化的精气神

根据观海卫地域文化的实际情况,为便于交流和推广,此处列出了卫城文化的六大表征:

1. 抗倭文化

这是卫城文化最主要部分,具有相当的历史渊薮,包括古城史话、抗倭遗迹、抗倭事略、平倭名将等具体内容。

2. 古镇文化

以鸣鹤古镇为代表的江南特色小镇,北宋熙宁六年(1073年)就是以盐业生产闻名的浙东重镇,明清古建筑和马头墙更是古镇的一张闪亮名片。

3. 人文文化

观海卫历史悠久,人才辈出,以五绝名臣虞世南为代表的历代先贤,对中国传统文化和社会历史产生了重大影响。近代更有吴锦堂等爱国仁士,对家乡的教育和经济发展做出了重大贡献。

4. 建筑文化

在观海卫的历史发展长河中,曾有不少高官名将,他们在功成名遂之后,回到故乡建宅造院。观海卫至今还保留着许多明清大宅、民国洋房,如汤家大屋、胡总兵府、姜家洋房等,形成了具有卫城特色的建筑文化。

5. 民俗文化

观海卫地处海陆之交,再加上抗倭的历史,在劳动和生活中形成了多种别具风格的民俗特色,如"十番古乐""师桥高抬阁""卫里头燕话"等,充分显现了观海卫人纯朴、智慧、勇敢的品质。

6. 红色文化

红色文化是卫城文化的一大特色，与抗倭文化一脉相承。在抗日战争时期，观海卫就是浙东地区有名的抗日根据地，中共浙东区党委成立旧址和三北游击司令部旧址均在现观海卫境内。

（二）集中智慧，提炼卫城文化的主旋律

观海卫作为明代区域军事最高指挥机关，至今已有六百多年的历史，而卫城文化最灿烂的篇章也是明嘉靖年间抗倭的那一段历史，修筑城池、巧设机关、勇猛精进、抗击外辱。充分体现了观海卫人勇敢机智、不畏强暴、爱国爱乡的优秀品德和智慧，令人回肠荡气，肃然起敬。那一段可歌可泣的历史为观海卫提供了丰富的社区教育题材，但如何把这种人文精神与现代社区教育结合起来，体现时代特征，是摆在观海卫社区教育面前的一个重大课题，实验组成员经过深入的调查和研讨，结合其他文献记载，认为卫城文化的主旋律应该为：

1. 爱国

明嘉靖三十一年（1552 年）起，观海卫人奋起抵抗倭寇的侵袭，涌现了戚继光、卢镗、胡宗宪等抗倭名将和火斌、杜槐、吴德六兄弟等民间抗倭忠烈。近代更有吴锦堂、沈九成、蒋学模等一大批爱国爱乡的文人志士，在工商经济学、医学、工程实业等方面做出了杰出的贡献。

2. 智慧

观海卫建卫之初所设置的"一卫二所"（龙山所和三山所）的总体防卫设置，"内外八卦，三十六街，七十二巷"的卫城设计，战时可布阵打仗，平时则经商居住，无不显现出观海卫人的杰出智慧。

3. 勇敢

面对来势汹汹的倭寇，观海卫人不畏强暴，"尚义好勇"（《观海卫志》），奋起反抗，甚至于妇孺也不甘受辱，"誓以死守"（《师桥沈氏宗谱》）。《慈溪县志》载有"沈师桥倭难六烈妇"的壮烈事迹，足以表明观海卫人的勇敢品质。

4. 包容

慈溪是一座移民城市，观海卫更是一座"移民之卫"。明洪武二十年建卫之时，为防止士兵路近"脱籍"，明朝廷从福建和义乌调来大批士兵驻防，他们定居

世袭,繁衍后代,语言也落地生根,形成了独具特色的观海卫方言——燕话,至今还在老年人中流传。外来士兵与当地居民逐渐融为一体,多种文化相互交融,但又保持了自己的特色,集中体现了观海卫人海纳百川的气概和胸怀。

5.进取

勇于创新、锐意进取始终贯穿于观海卫的发展历史,无论是以五绝名臣虞世南为代表的古代先贤,还是以爱国侨胞吴锦堂为代表的近代文士,均在国内外享有盛誉。现代观海卫,更是全国闻名的工商强镇,浙江省历史文化名镇,宁波市卫星城市建设试点镇,"国药重地""烟商故里""插座王国""火机世界""家电之乡""文具基地"等一项项桂冠展示了观海卫的经济发展特色,凸显了卫城文化的进取精神。

爱国、智慧、勇敢、包容、进取,这五个词阐释了卫城文化的内涵特征,显现了别具一格的观海卫精神。

(三)"坐而论道",传播卫城文化渊薮

"坐而论道"本是个贬义词,但从传统文化的传播角度来说,用坐而论道(讲座)的方式来传播其内涵和渊源,不失为一种有效的方法。卫城文化,作为一种地方特色文化,从地域范围来讲,除了观海卫镇(师桥、鸣鹤、观城)以外,还包括了现在的龙山、掌起、附海、桥头等镇;从内涵和外延上讲,涵盖了本区域内的人文历史渊源和地域名胜特征。为此,在实践过程中,观海卫镇举行卫城讲坛系列讲座,专门组织了观海卫、龙山、掌起、附海等镇的社区教育工作者开展专题讲座活动,邀请莫非等本地区文史专家进行了多场次的专题讲座。结合本地实际和历史渊薮的精彩演讲吸引了听众,全体社区教育工作者加深了对卫城文化的认识,深入了解了其渊源和精神实质,把卫城文化内涵有意识地贯穿于实践工作中,在工作理念上达到寓卫城文化于社区教育的目的。

(四)"起而行之",开展社区教育实践活动

"坐而论道"以后,关键在于"起而行之",搭建社区教育平台,挖掘卫城文化的积极因子,通过一系列的社区教育活动,传递地方文化的精髓,影响社区居民的思想观念,提升居民整体素质,推进和谐社会的建设。

1.举办古卫城遗迹摄影展

借助观海卫镇摄影协会的平台,用光和景记录现存的卫城遗迹风采,整理

出了 50 多幅照片,在镇政府的宣传窗内展览了近一个月,收到了较好的宣传效果,使新老观海卫人重新了解了卫城的历史风貌。还有人看了展览以后,特地去实地察看,对平时熟知的景物进行了一次历史重温。

2. 举办卫城文化图片展

搜集整理反映卫城风貌的图片,布置成文化长廊的形式,在社区教育学院内长期展出,既完善了社区教育基地的功能建设,营造了浓厚的文化氛围,又使前来参加社区教育活动的居民能够真切地感受到地方特色文化,产生一种地域的认同感和自豪感,促进精神文明建设。

3. 开展中小学生卫城文化知识竞赛和征文比赛活动

充分发挥当地中小学与所在社区开展社区教育共建活动中的桥梁作用,把社区教育读本和相关的资料分发到学校,开展卫城文化读书活动,通过知识竞赛和征文比赛的形式,促进中小学生对本地文化的了解,使他们获得感染和熏陶。浸润在优秀的地域文化之中,有利于陶冶情操、提高修养、培养爱国爱乡的情感。

四、研究的成果及推广价值

(一)培育了一批地方文艺社团组织

挖掘地方文艺,支持农村社团建设。地方文化的另一种表现形式是丰富多彩、别具风采的地方民俗艺术,卫城文化也不例外。在近千年的发展历史中,观海卫一带出现了许多具有浓厚地方特色的文艺种类,其中有些艺种流传至今。如师桥高台阁,始于宋朝,至明代中叶趋于成熟,到清同治九年,师桥高台阁的制作艺术已经达到了炉火纯青的程度,在浙东地区享有盛名,至今仍在观海卫地区盛行。每到正月,有热心人士组织,赴四乡十八村巡游,意在祈祷风调雨顺,国泰民安。又如承古轩古乐,以演奏"十番""车子调""古船曲"等三北古曲为主体,古朴、素雅、悠远的古乐声成为卫城文化标记之一,2010 年列入宁波市级非物质文化遗产名录。更值得一提的是观海卫太极拳,是浙江省唯一一个用地方名称命名的拳种,在全国也相当罕见。该拳在传统太极拳的基础上融合了东南挎子拳(也是观海卫特有的拳种)的技艺,攻击、健身的效果更加显著,屡次在国际大赛上获奖。

目前,观海卫共有戏曲协会、民间艺术协会、书画协会等六个文化协会,协会会员达500多人,各个村也建立了文体团队。社区教育学院专门设立了社团办公室,发挥社区教育的基地优势,支持农村社团建设。同时,在社区教育学院内还成立了观海卫太极拳推广中心,吸引广大社区成员前来培训练习,开展健身活动。

(二)编印了一批社区教育特色教材

动员本地区文史研究爱好者,整合资源,编印了《宁波卫星城市观海卫——昨天·今天·明天》,详细汇编了观海卫悠久的历史、旖旎的景色、丰富的物产以及先贤名人。既有古代抗倭史迹,也有现代红色革命;既有人文名胜追踪,也有当代社会经济,内容丰富,叙述通俗,很好地发挥了社区教育读本的作用,曾在长三角社区教育论坛期间向各界人士发放。另有《观海卫名人集》(暂名)《抗倭追踪》(暂名)等读本按计划正在编印之中。

(三)形成了一支卫城文化宣传志愿者队伍

建立志愿者队伍,开设卫城讲坛。整合社区教育网络资源,把母亲素养工程讲师团、华龄乐学工程讲师团、科普讲师团等整合在一起,成立卫城文化志愿者队伍,在社区教育学院内设立卫城讲坛,搭建平台,鼓励草根文史专家走上讲坛,向老百姓讲述当地的人文历史,弘扬卫城文化的优秀传统,建立文明和谐的人际关系。

(四)政府重视,促进传统文化保护和学习型社会建设

在党中央高度重视农村文化建设的大背景下,当地政府要高度重视地域文化的挖掘和保护,建立健全保护机制,利用得天独厚的卫城文化优势,在加快卫星城市建设的同时,积极打造文化强镇。运用政府的力量,大力发展农村社区教育,整合资源,健全网络,加大投入,完善机构,加快构建学习型社会。

(五)创新载体,促进传统文化与现代社区教育的有机融合

以文化为引领,以提高素质为宗旨,积极创新社区教育的载体,避免枯燥、呆板的说教,寓教于乐,以群众喜闻乐见的形式开展各类社区教育活动,在潜移默化中引导广大居民树立起正确的价值观和人生观,重塑正直善良、互助友爱、诚实守信的道德操守。

(六)注重实效,促进文化产业与当地经济发展的互动发展

党的十七届六中全会《中共中央关于深化文化体制改革推动社会主义文化大发展大繁荣若干重大问题的决策》中明确指出:"发展文化产业是社会主义市场经

济条件下满足人民多样化精神需求的重要途径。"社区教育也是为了满足人们精神层面的需求,从这一点说,两者是完全统一的。结合观海卫鸣鹤古镇等旅游景区的开发,通过政策引导、资金扶持和信息服务,鼓励和支持当地居民大力发展具有卫城文化特色的文化产品和文化服务,比如开发特色饮食、民俗表演、书画创作等,以此来开辟新的就业渠道和获得稳定的收入来源。同时,在这一过程中,既可以弘扬优秀的传统文化,还能够增强当地居民的自信心和自豪感。

新市民心理适应教育

一、研究背景

党的十六届六中全会通过的《中共中央关于构建社会主义和谐社会若干重大问题的决定》中提出:"要注重促进人的心理和谐,加强人文关怀和心理疏导,引导人们正确对待自己、他人和社会,正确对待困难、挫折和荣誉。加强心理健康教育和保健,健全心理咨询网络,塑造自尊自信、理性平和、积极向上的社会心态。"这是以人为本的具体体现,也是构建和谐社会中非常重要的一个方面。

海曙区是宁波市的政治、经济、文化中心。随着城市化进程的不断加快,农村剩余劳动力大量流入海曙,至今流动人口已达 13 万人,占全区总人口的30%。这些新市民进城工作生活,其劳动关系日益稳定,就业环境日趋改善,权益受保护程度加强,但在心理层面,新市民的适应程度较低,主要表现为自卑心理、悲观、失落感、身份焦虑、孤独心理、受挫、压抑心理与怨恨等不健康的不和谐心态。

从新市民个人角度看,心理的不适应,不仅影响着他们的处世态度,也影响着他们的工作和生活习惯,决定着他们处理关系的行为方式,影响着他们的性格和命运。美国人本主义心理学家马斯洛说:"心若变了,态度就变;态度若变,行为就变;行为若变,习惯就变;习惯若变,性格就变;性格若变,命运就变。"因此,如何倡导新市民通过主观努力,调节自己的内心世界,通过主观努力适应生活环境和生活方式的改变是当下急需解决的关键问题。

从建设和谐社会和和谐社区的角度看,发挥海曙社区学院的成人教育资源优势和心理健康教育及服务的资源优势,可以帮助新市民消除心理适应上的障碍,塑造自尊自信、理性平和、积极向上的健康心态,提升生活满意度和主观幸福感,从而实现心理的和谐。

二、研究对象及预期目标

(一)研究对象

本项目研究的对象是介于市民、农民之间的中间状态的人群,相当于某些论述中的"准市民"。研究对象具有如下特点:

(1)以农村向城市转移的固定劳动力为主。

(2)在城市有固定的居住点且已经生存下来,但不具备城市居民户籍。

(3)从事的行业绝大多数为建筑业、机械制造业、服装制造业、服务业等体力劳动行业,月收入大多在1300~3000元之间。

(4)上述新市民的子女,年龄在小学至初中阶段,并在城市学校就读。

(二)研究目标

(1)调查和研究海曙区新市民在心理适应问题上遇到的典型问题,分析和总结造成心理不适应,即不健康心态的原因。

(2)调查、研究心理健康教育和心理咨询服务对提升心理健康水平和主观幸福感的作用和效果。

(3)通过实践经验总结,形成一套适用于新市民的心理适应的教育服务模式。

三、新市民心理现状与社区教育因应实践探索

(一)新市民心理特点的调查和心理现状的分析

为了调查和分析新市民的心理不适应是否会造成心理健康问题并形成心理疾病,此次研究采用专业心理测试量表对新市民进行了心理健康检测。本次调查采用SCL-90量表进行测试。

《症状自评量表SCL-90》是德若伽提斯(L. R. Derogatis)于1975年编制的,是世界上最著名的心理健康测量表之一,是当前使用最为广泛的精神障碍和心理疾病门诊检查量表,是为评定个体在感觉、情绪、思维、行为直至生活习惯、人际关系、饮食睡眠等方面的心理健康症状而设计的,适用对象为16岁以

上的用户。该量表共有 90 个项目,共 9 个分量表(即因子),分别是躯体化、强迫症状、人际关系敏感、抑郁、焦虑、敌对、恐怖、偏执和精神病性。它的每一个项目均采用 1～5 级评分,5 级分别是没有、很轻、中等、偏重、严重。具体说明如下:没有,即自觉并无该项问题(症状);很轻,即自觉有该问题,但发生得并不频繁、严重;中等,即自觉有该项症状,其严重程度为轻到中度;偏重,即自觉常有该项症状,其程度为中到严重;严重,即自觉该症状的频度和强度都十分严重。

9 个分量表主要反映的心理健康问题是:

(1)躯体化,共 12 项,反映主观的身体不适感。

(2)强迫症状,共 10 项,反映临床上的强迫症状群。

(3)人际关系敏感,共 9 项,主要指某些个人不自在感和自卑感,尤其是在与其他人相比较时更突出。

(4)抑郁,共 13 项,反映与临床上抑郁症状群相联系的广泛的概念。

(5)焦虑,共 10 个项目,指在临床上明显与焦虑症状群相联系的精神症状及体验。

(6)敌对,共 6 项,主要从思维、情感及行为三方面来反映病人的敌对表现。

(7)恐怖,共 7 项,与传统的恐怖状态和广场恐怖所反映的内容基本一致。

(8)偏执,共 6 项,主要是指猜疑和关系妄想等。

(9)精神病性,共 10 项,其中幻听、思维播散、被洞悉感等反映精神分裂样症状项目。

此次参加 SCL－90 量表调查的共有 504 位新市民,得到有效问卷 486 份,其中青少年 240 份,成年人 246 份。按全国常模结果,总分超过 160 分,可考虑筛选阳性为异常。

从调查中我们发现,在 486 份有效问卷中,异常的有 19 人,占总数的 3.8%,其中青少年 10 人,成人 9 人。说明新市民中存在急切需要进行心理咨询或心理治疗的人群。

从各因子看,在恐怖和偏执这两个因子上阳性的人较多,概率分别为 7.94% 和 7.78%,这些数据说明新市民较多地在社交、公共场合恐怖状态以及敌对、猜疑等方面有问题。

本次调查结果显示,新市民的心理健康总体水平显著低于一般人群,SCL－90 各因子分、阳性项目数及总分都显著高于全国常模。被调查的强迫、人际敏

感、抑郁和偏执四个因子上得分有显著差异（P＜0.05）。（见图2－6）

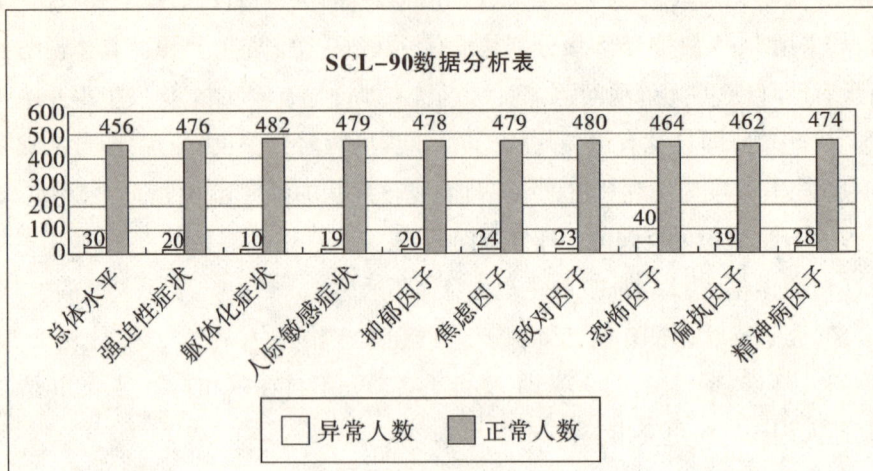

SCL-90数据分析表

项目	异常人数	正常人数
总体水平	30	456
强迫性症状	20	476
躯体化症状	10	482
人际敏感症状	19	479
抑郁因子	20	478
焦虑因子	24	479
敌对因子	23	480
恐怖因子	40	464
偏执因子	39	462
精神病因子	28	474

图2－6

（二）新市民心理适应教育服务体系的构建

1.搭建多元平台，构建心理健康服务网络

为了做好新市民心理调适工作，海曙区建立了新市民心理健康服务网络。

2006年社区学院携手宁波人和心理咨询师职业培训学校，建立海曙区社区心理健康教育服务基地（下称基地）。基地致力于社区心理健康课程的开发和心理健康知识的普及、培训、服务和研究，面向广大社区居民开展青少年心理健康、家庭教育、婚姻家庭心理问题、老年人和失业职工等特殊群体心理问题等方面的心理健康普及教育和培训。

2010年学院又引进了海曙区青少年社会工作服务项目，对新生代的新市民进行心理健康教育服务。针对青少年心理成长中的发展性和障碍性两大问题，甄选"小新市民领袖训练成长团体"和"单亲家庭青少年心理问题辅导团体"两个团体，探索和总结两种类型的青少年小组工作经验和模式。

同时在有条件的海曙社区中建立心理咨询室，至今已在74个社区中建立了45个心理咨询室，委派心理咨询师，定期为新市民进行心理健康教育服务；在民工子弟学校建立心理健康服务点，为新生代的新市民进行心理健康服务和教育。

2. 编写实用读本，传播市民心理健康常识

由于传统观念的影响，新市民总觉得心理学知识高深莫测，甚至对它敬而远之，抱有偏见。为此海曙区编写了《新市民心理健康教育读本》和《新市民读本——改善亲子关系的实践指南》，让新市民学会对自身心理和情绪状态进行自我观察，自我分析，自我调节，自我维护；让新市民学会如何和孩子沟通，如何开展家庭教育，并且收录了亲子沟通的实际案例，解决新市民父母的教育实践问题。新市民读本的编写，能帮助新市民正确面对困难和挫折，从容应对心理压力，开展心理疾病的调节，更好地融入城市生活，共享城市文明。《新市民读本——改善亲子关系的实践指南》被评为全国社区教育特色课程。

3. 开展心理辅导，提高逆境心理适应水平

（1）公益心理咨询。基地组织咨询师为新市民提供一对一的心理咨询服务，主要采用三种形式，一是基地组织咨询师进入新市民居住比较集中的社区和民工子弟学校提供现场咨询活动；二是新市民持卡向基地寻求心理咨询（卡由基地提供）；三是开通心理热线。2010 年秉承"心灵关爱心灵，生命影响生命"的理念，开通免费电话心理咨询热线，帮助来电者理清思绪、提供心理支持，共同寻找解决途径。

（2）公益心理健康讲座。通过限定主题和自选主题两种形式为新市民举办心理健康教育讲座。限定主题：基地定期主办限定主题的心理健康教育讲座；自选主题：社区居委会根据本社区新市民的实际情况和共性问题，自选主题，提出申请，基地根据申请的主题量身定做专题讲座。这几年，《如何排解你的压力》《如何做好父母亲》《沟通，如何做才是最有效》《情绪的力量》《真正认识你自己》等讲座得到了新市民的欢迎。这些讲座一方面帮助新市民进行心理疏解，另一方面也教会新市民更好地懂得如何教育孩子以及与身边的人沟通。

（3）团体辅导实践。实验组充分利用海曙区青少年社会工作服务项目为民工子弟学校的新生代新市民提供心理援助。从 2010 年起，海曙区青少年社会工作服务项目进驻海曙区民工子弟学校，重点开展"城市文明跨越行动""青少年情商训练"和"问题青少年"的社区矫正。项目组每周四在民工子弟学校开展一个相关主题的小组活动，弥补学校传统教育和家庭教育缺少心育的缺憾。通过团体人际交互作用的方式，模拟社会生活的情境，以促进个体的自我认识、自我调整、自我发展的团体咨询应运而生。

（4）个案服务。在心理健康教育服务中，从社区及公益咨询中筛选出来的少数心理健康问题较严重的个案，提供一对一基地专家个案服务，并与市精神病医院建立通道，使一部分精神病性的新市民得到及时有效的医治。

4. 对接便民服务，形成全民心理服务模式

（1）教育与服务相结合。学院建立了宁波市首家社区心理健康教育服务基地，借助基地平台开展心理健康教育服务，提供公益心理咨询、公益心理健康讲座、团体辅导实践和个案服务，年服务 5000 人次以上。同时为了帮助他们突破经济适应和社会适应两个层面的障碍因素，使他们在心理上获得认同，在情感上找到归宿，实现其心理上的适应，学院还开展了职业技能教育和科普文化素养教育，提高新市民的生活适应能力。

（2）专业与业余相结合。海曙区新市民队伍庞大，开展新市民心理调适工作单靠专职的心理健康教育工作者远远不够，于是学院采用专业与业余相结合的办法，借助海曙区社区心理健康教育服务基地平台，培育了一支心理健康教育服务志愿者队伍，培训了一批社区专职工作者队伍，在新市民中开展心理健康教育服务工作。

（3）集中与分散相结合。在新市民心理健康教育服务时，学院也经常发现，新市民受工学矛盾的影响，虽有参加心理健康教育的愿望，但工作的繁忙，让他们无暇参与。于是学院采用集中与分散相结合的方式，以三级社区学院为主阵地，主要采用集中的方式，进行新市民心理健康教育宣传、新市民的心理健康讲座、新市民的教育培训；另外，深入社区，进行分散服务，提供新市民的心理咨询、个体服务。

（4）理论与实践的结合。课题组查阅大量的资料，了解了国内新市民心理调适的研究状况，在前人的基础上提炼新市民心理调适的理论依据，并付诸实践。开展新市民心理调查，分析新市民心理现状，构建新市民心理服务体系，建立新市民心理调适的保障机制，而且在课题研究过程中将研究结果及时反馈，不断地修正课题研究的目标和方法，从而保证本课题能够正确、顺利地进行，也使本课题不仅具有理论意义，更具有实践意义。

（三）建立新市民心理适应教育服务的保障机制

1. 建立培训保障机制

海曙区区委、区政府高度重视新市民教育培训工作，把新市民教育培训纳

入区域经济建设和社会发展规划,各街道、社区居委会也把新市民培训教育作为社区建设的重要内容,把它纳入社区发展总体规划。海曙区教育局早在2008年就开始进行《构建新市民培训"海曙模式"的研究与实践》课题研究,几年来,基本构建了适应海曙区区情特色的新市民培训模式和培训保障机制。海曙区还十分关心新生代的新市民,2008年将符合条件的新生代新市民全部接纳到公办学校,保障了新市民子女平等享受义务教育权利。这一切都有利于本课题的研究。

2. 建立经费保障机制

海曙区建立了新市民心理调适经费保障机制,将新市民教育纳入公共财政保障范围,按新市民人均不低于2元的标准安排专项经费,保障新市民教育培训的正常开展。区财政每年下拨人均10元的社区教育专项经费,其中每年专拨15万元给社区学院用于新市民专项教育培训,其中也包括新市民心理调适的开展,学院也专拨一定经费用于此项目研究,为课题提供经费保障。

3. 建立师资保障机制

一是培育一支专职的心理健康教育服务队伍。这支队伍主要以海曙区社区心理健康教育服务基地的工作者为主,开展新市民心理健康教育服务。

二是培育了一支心理健康教育服务志愿者队伍。海曙区社区心理健康教育服务基地招募了一支由30人组成的国家级心理咨询师志愿者队伍。在他们经过全面系统的心理学基础知识学习,获得了国家心理咨询师资格证的情况下,再次进行强化和针对性培训,学习心理咨询流程、技巧,并结合专家督导,使志愿者在遇到困难时有资源可求助。

三是培训一批社区专职工作者队伍。2008年海曙区社区工作者培训基地在海曙区社区学院挂牌成立。考虑到社区工作者经常接触社区中的新市民,所以在社工培训中加注了关于心理健康知识和心理咨询工作的学习内容,使社区工作者在工作中也可以关注到新市民的心理适应问题并进行健康服务。而且对社工示范岗人员进行专题培训,现在已经形成"裘老师工作室""暖阳阳工作室""星星的孩子"等社区心理健康教育服务社团。

四、预期的成效与辐射影响力

(一)形成了一整套心理帮扶的策略

1. 心理援助策略

(1)认知上的援助。通过新市民教育培训,让新市民明白理想与现实的差距,正确认识城市生活,消除一些不恰当的观念,保持心理的弹性,增强心理的韧性。帮助新市民改变了自身与市民角色不相适应的认知方式,增强作为市民应有的法律意识、交通意识、卫生意识、生态意识以及现代人际关系意识、公共生活意识、休闲意识,努力使自己扮演好市民这个新角色,跟上城市文明发展的步伐。

(2)情感上的援助。通过心理讲座、咨询和个案服务帮助新市民疏导不良情绪,保持良好的心境来提高其心理适应性。当新市民遇到心理上的困惑和迷茫时,指导其找亲朋好友或是专业人员来倾诉,将心里的委屈和痛苦以合理的方式宣泄出来,寻求理解和支持;或者通过自我放松以及掌握一些调节情绪的技巧来排解自己在日常生活和工作中的不良情绪,保持积极向上的情绪状态,愉快地工作和生活。

(3)行为上的援助。通过教育培训指导新市民学习型城市生活的行为规范,了解自己的行为与城市文明的区别,重新审视自己的行为,促使其认识到改变自身行为的必要性并尝试自己寻找改变的突破口;建立起新的适应城市生活的行为,并在生活中不断强化,提高自己在城市生活的综合竞争力,不断适应城市发展变革的需求。

2. 心理服务策略

(1)建立心理健康教育服务基地。通过基地建设,最大限度地整合专业资源。增强心理学培训的专业性,形成专业人员培养、选拔、实习、督导的可持续化的人才培养体系。保障心理健康服务规范性,形成统一的档案管理平台,服务指标体系等。

(2)开辟心理健康服务途径。就新市民心理健康服务工作的内容和形式以及要达到的目标而言,心理健康服务工作主要可以通过两条途径进行:一是依托海曙社区心理健康教育服务基地,培养专业的心理咨询师,在获得国家职业资格后,以专业义工的身份,在社区开展心理健康服务工作;二是主要依托社区居委会,发挥群体的优势,一般而言,居委会成员中的老龄人居多,他们往往德高望重,富有热情,对社区新市民的情况熟悉,通过对他们进行专业的心理培训,由他们来承担一些心理健康教育工作,如老娘舅式的心理劝导、关爱年轻人的走访谈心等。

(3)形成新市民心理健康服务模式。本项目通过一系列的教育服务实践让新市民认识心理适应,调整心态,因此除了心理讲座、心理咨询、团体辅导实践、个案服务等心理服务外,还开展新市民的教育培训,了解宁波,提高技能,增强自信心,更好地融入城市。

3.教育培训策略

按照"政府推动、搭建平台、培育主体、满足需求"的社区教育发展思路,把新市民教育纳入学习型城区创建工作范围。按照"全员参与、免费培训、政府买单"的培训理念,以文化知识、工作技能以及心理素质等三方面培训为突破口,多途径开展新市民培训工作,创建有海曙特色的海曙模式新市民培训。

(1)创新教育培训途径。在新市民家庭中开展"小手牵大手"的学习型家庭的教育培训,从学校着手,以教师推动、学生带动、合家参与为主要形式,家校互动,通过学生这双小手,牵住父母双亲的大手,开展教育培训。

(2)创新教育培训形式。开辟新市民流动大课堂,定期或不定期地深入新市民居住集中地、建筑工地等场所,让新市民接受零距离教育。采取形式多样的教育培训活动,在职业技能培训过程中,组织开展文艺教育活动;在新市民母亲素养培训中,举办新市民母亲节庆祝活动,表演时装秀,开展亲子活动,提高他们的学习兴趣。

(3)建立新市民教育培训激励机制。一是建立教育培训评比表彰制度,对在教育培训中学习认真、到课率高、成绩突出的新市民进行适当的精神和物质奖励,激发新市民的学习积极性。二是建立"三结合"激励机制,即采用培训与就业相结合、培训与提高工资收入相结合、培训与提高企业的等级相结合的激励机制,进一步激发新市民教育培训的主动性,如参加学院培训的"星级家政员"都能找到较为满意的工作,个人收入提高2成以上。

(二)建立了新市民心理健康评估指标体系

通过实践研究,编制以下指标体系,为将来操作方案时提供了参考水平与指标。心理不健康到心理健康是一个过程,体现在下列五大方面,只有倚靠标准的心理设施和队伍,才能够保证心理健康服务的水平。

表2-5　新市民心理健康指标体系表

评价指标		具体内容
新市民心理健康指标	智力正常	①观察力；②记忆力；③想象力；④逻辑思维能力；⑤操作能力
	情绪健康	①情绪稳定；②适度表达情绪；③情绪控制能力；④积极情绪多于消极情绪
	人格健全	①自我认识客观；②自我接纳；③自尊自信；④理想与目标；⑤积极进取；⑥对未来有信心；⑦责任感；⑧人生观；⑨世界观；⑩价值观
	适应压力	①生活压力水平；②工作/学习压力水平；③积极压力应对方式；④消极压力应对方式；⑤客观社会支持；⑥社会利用度；⑦抗挫折能力
	满意度	①身体功能满意度；②居住满意度；③社区服务满意度；④自然环境满意度；⑤收入与支出满意度；⑥工作满意度；⑦闲暇生活满意度；⑧社会支持满意度；⑨社会人际关系满意度；⑩家庭生活满意度

表2-6　社区心理健康教育服务基地及社区心理咨询室建设指标体系

评价指标		具体内容
海曙区心理健康服务基地建设指标	建设要件	①独立心理咨询室；②心理测试系统；③电脑；④宣传栏；⑤宣传单；⑥心理健康杂志；⑦心理减压设备
	服务成果	①编制心理健康宣传册；②普及心理健康知识；③心理健康知识知晓率；④心理健康普查；⑤建立心理档案；⑥开展心理咨询的主题和类别；⑦向专科医院转诊数；⑧专题心理讲座次数；⑨心理培训次数
	队伍资格	①获得心理咨询师国家职业资格；②实习训练小时数；③接受督导小时数；④专业学历；⑤职业背景

（三）提升了新市民的整体心理健康水平

从海曙区新市民接受心理健康服务前后的总体幸福感量表（GWB）数据和心理健康及症状自评量（SCL-90）表数据看，心理健康服务提升了新市民的幸福感。表2-7为服务前后数据差异。

表2-7　海曙区新市民在接受心理健康教育和咨询服务前后的 SCL-90 和 GWB 的得分统计

量表	因子	服务前	服务后	t 值	P 值
SCL-90	躯体化	1.55 ± 0.53	1.34 ± 0.38	5.25	<0.01
	强迫症状	2.34 ± 0.65	1.96 ± 0.68	8.15	<0.01
	人际关系敏感	2.32 ± 0.84	1.88 ± 0.63	8.04	<0.01
	抑郁	2.63 ± 0.76	1.74 ± 0.57	7.56	<0.01
	焦虑	1.56 ± 0.54	1.45 ± 0.42	4.67	<0.01
	敌对	1.95 ± 0.84	1.66 ± 0.78	5.52	<0.01
	恐怖	1.53 ± 0.52	1.38 ± 0.36	4.17	<0.01
	偏执	2.05 ± 0.84	1.74 ± 0.65	6.59	<0.01
	精神病性	1.94 ± 0.66	1.64 ± 0.58	7.51	<0.01
GWB	总体幸福感总分	82.00 ± 13.00	132.00 ± 17.00	3.01	<0.01

（四）得到了社会的广泛关注和新闻媒体的赞誉

海曙区新市民教育培训模式已经在全国范围内进行了推广,受到了上级领导的重视和社会舆论的广泛关注,宁波媒体曾多次给予报道,《教育信息报》《现代金报》等省级媒体也纷纷报道海曙区开展"关爱新市民,共建和谐家园"的活动。2009年3月国务院全国农民工工作办公室主任会议在宁波召开,学院的"新市民大课堂"代表宁波市新市民教育培训工作成为会议的一个主要参观点,受到了170多位与会代表的好评,人力资源和社会保障部杨志明副部长给予了"打出了新市民的品牌"的评价;省、市领导也给予了高度的评价,省教育厅鲍学军副厅长在考察海曙区社区学院后,高度肯定"小学校,办出大教育,办出高效益";宁波市人民政府副秘书长杨胜隽调研后认为"新市民大课堂,开创社区教育先河"。

以学习圈为载体,创建学习型社区

一、创建背景

在全面推进社区建设的过程中,浙江省宁波市镇海兴庄路社区坚持以科学发展观为指导,以服务居民为宗旨,以建设学习型社区为载体,结合社区自身和辖区内丰富的教育资源及人才荟萃、文化资源集中的特点,通过开展一系列学习型社区创建活动,引导辖区居民一同参与到学习型社区创建中来,倡导科学、文明、健康的生活方式和崇尚先进、团结互助、积极向上的社区道德风尚,形成良好的读书学习习惯,营造浓郁的学习氛围,逐步实现书香文化从社区到小区、楼道、家庭的渗透,有力推动了社区精神文明建设和社区全面发展,取得了明显成效。

二、以三大中心为突破口,打造处处可学的学习阵地

创建学习型社区,必须以一定的阵地为依托。近年来,为满足居民群众不断增长的学习需求,兴庄路社区在加强社区基本建设的同时,重点突出三大中心,精心规划建设了一批学习型阵地和设施。

一是社区图书中心。早在 2008 年,社区投入 7 万元,在鑫隆二期老年活动室建成了建筑面积 50 平方米的社区图书中心,藏书量 3000 余册,之后接受共建单位赠书 250 余册。目前,新的社区阅览室读书环境和藏书量均比原阅览室有大幅提升。为满足不同人群的学习需求,社区图书中心设立了四点钟学校和青少年读书专栏,以帮助他们进一步拓展课外知识。图书中心建成以来,已面向全体居民免费接待读者 1500 多人次,成为社区居民重要的读书学习阵地。2011 年又在鑫隆花园三期建立 365 党员俱乐部,其中 80 平方为党员图书室,内有藏书 1000 余册,并订阅了各种报纸杂志,让社区居民在闲暇之余又有了一个学习的好去处。

二是社区教育中心。长期以来,兴庄路社区始终把社区教育工作作为建设学习型社区的主要抓手。2007 年,为了进一步完善社区教育中心的功能,社区方面增设了课桌椅 60 余套、多媒体设施 1 套、空调设备 2 台、DVD 设备 1 套、扩音设备 2 个;2011 年在原有的基础上又增设社区教育专用电脑 6 台。社区教育中心主要包括面向党员开展思想理论教育的社区党校,面向普通居民开展社会公德和文化科普法律教育的市民学校和人口法制学校,面向老年居民开展老年保健和老年文艺以及老年人权益保护的老年大学,面向未成年居民开展思想道德建设的社区未成年人教育基地。为保证社区教育任务的完成和落实,这些教育机构普遍实现了"四个一"的工作要求:有一个完善的组织领导体系,有一套

切实可行的教育计划,有一支高素质的宣讲员队伍,有一个集中教育的活动场所。社区为此还专门成立了有关的工作委员会,开辟了可容纳150多人的多媒体"兴庄会馆""网络天地"等教育培训场所,组建了一支250余人的社区教育讲师团和楼群宣讲员、文化员。社区教育中心成立以来,围绕主线,突出主题,常年举办党建、文化、卫生、科技、法律等各类专题讲座和培训,每年受教育居民均在10000人次以上,提高了居民思想道德素质和科学文化素质。

三是社区宣传中心。加强社区宣传是建设学习型社区的重要环节和载体。兴庄路社区以办公区域为中心,先在所在的鑫隆花园二期建成了18米文化长廊,并根据居民学习需求,开辟计生、民主法治、健康教育、防艾宣传、文明宣传、消防宣传专栏,向居民广泛宣传思想道德和科普各类人文知识。社区还在辖区内各个楼群、各个小区分别建设了250多块大小黑板,并在下辖的浅水湾小区、西陆小区、新胜小区设立了3处宣传教育栏,在各小区增设了14个绿色宣传立杆,在鑫隆二期和清泉花园制作了40多块高质量的公益广告领养牌,在社区门口设立了LED电子屏,时刻滚动播放创建学习型社区的信息,营造了浓厚的文化和学习氛围,成为社区一道独特的学习教育风景线。此外,社区还利用《庄市通讯》这个宣传载体,将创建学习型社区的典型和特色活动进行刊登,免费发放给部分居民,在整个社区营造了浓厚的学习氛围。

三、以三大网络建设为关键点,打造人人皆学的学习圈

创建学习圈是建设学习型社区的重要基础,兴庄路社区从完善网络入手,积极建立各类学习圈。

一是学习圈领导网络。为加强对建设学习型社区工作的领导,兴庄路社区成立了由社区党总支书记负总责,社区党总支副书记、社区居委会委员、驻社区有关单位和社会各界代表参加的建设学习型社区领导小组,制定了建设学习型社区工作规划、实施意见,明确了指导思想、工作任务、工作内容、工作方法和相关人员职责;社区还专门聘请了11名有关专家、行家,6名建设学习型社区辅导员,指导社区的建设工作。同时,为做好居民学习的示范工作,社区还在整个工作班子中开展做一个学习型社区工作者活动,建立了每月例会集中学习制度,即每月底参加一次社区干部集中学习活动。同时,鼓励社区工作者进行学历继续教育,目前,14名社区工作者中,达到大专以上文化程度的有11位,占79%。

二是学习型居民队伍网络。为了更有效地满足不同居民对学习的不同需求，兴庄路社区以居民社团的形式组织参加各类特色型学习教育和寓教于乐的文体活动。面向社区患高血压的居民，社区成立了高血压俱乐部，开展了一系列卓有成效的高血压防治知识学习活动，受到居民群众和上级有关单位的好评，区卫生部门还在本社区召开了"相约健康行"全区现场交流会。面向社区下岗失业居民，社区成立了爱心编织站，积极开展编织技能培训，解决了150多人的再就业问题。同时，社区还把组织居民参加文体队伍作为建设学习圈的重要形式，先后组建了完全由普通居民组成的各类文体队伍十余支。其中，一支由40人组成的、队员全部来自拆迁安置小区居民的荷花球舞队，经过日夜苦练，终于在2008年9月获得了浙江省老年艺术周金奖，又在当年10月获得全国社区健身舞蹈大赛金奖、优秀组织奖，使广大居民在娱乐中接受教育，在接受教育中得到乐趣。没想到的是，荷花球舞队里的这些大嫂还带头交起了物业管理费，并带动周边邻居主动交物业费，一直困扰社区的小区物业费难收的难题竟因一个舞蹈队迎刃而解了。她们说："我们全国都获奖了，各方面都要带个好头。"当年，该安置小区物业费缴费户数已经超过90%。

三是学习型社区共建网络。兴庄路社区利用社区所驻单位的不同优势，广泛开展学习型共建活动，积极发动驻区单位参与学习型社区建设。社区坚持按照"政府倡导，社区支持，同广泛参与"的原则，组织和引导社区的单位、居民共同参与社区建设，还实现了共驻共建的新型建设格局，使社区的场地、人才、信息等各方面资源得到了充分利用，实现优势互补，资源共享。如年初与辖区共建单位签订《五联协议书》，与庄市中心学校、鑫隆幼儿园、庄市学校、庄市成教学校签订了《关于教育资源面向社区开放的协议》，为学习型社区的创建打下了扎实的基础。与此同时，庄市信用社、庄市供销社等单位每年出资近万元用于社区创建的学习经费。社区还充分利用辖区人才资源的优势，开展了一系列的共驻共建活动，如与镇海地税三分局、庄市工商所等单位开展上街服务活动；与镇海武警支队开展警民共建爱国主义教育；与庄市中心小学联合开展暑期教育活动。学习型共建活动基本实现了社区思想工作联做，共育四有新人的目标，从而为学习型社区创建工作拓宽了思路，增添了活力。

四、以三大社区创建为着力点，开展时时能学的学习活动

在创建学习型社区工作中，兴庄路社区把广泛开展各类活动作为重要载体和抓手，做到周密计划，精心组织。

一是结合融合型社区的创建。建设学习型社区与创建融合型社区是紧密联系的，为了进一步培育居民（特别是新市民）的学习意识，兴庄路社区在居民中广泛开展了以"多读好书、终身学习"为主题的系列读书教育活动，全面发动居民参与学习型家庭、学习型楼群创建活动。同时向社区家庭发出"每天读书学习 1 小时"的倡议，发放市民终身学习卡 200 张，鼓励家庭积极订阅书报杂志，组织居民免费学习互联网知识。在此基础上，社区每年评选出 280 户学习型家庭和 1 户学习型家庭优秀典型。同时，依托社区 10 余支文体队伍和协会组织，开展以"我学习、我快乐"为主题的学习型文体活动，插花艺术、巧手编织、废旧物品制作、文艺会演等居民参与性强的活动更是常年举办。社区每年在居民身边举办的各类文体活动都在 40 场次以上，直接参与的居民达 10000 多人次，并做到了"季季有安排，月月有活动，年年有高潮"，让居民在家门口就能享受到学习型的文化大餐。

二是结合服务型社区的创建。在建设学习型社区活动中，以社区服务大厅为主体，建设服务型社区的同时，兴庄路社区把建设学习型社区紧紧融入社区服务中去，以"你有困难我来帮、你缺技能我来教"的理念，以帮扶结对为抓手，发挥社区党员、技术型居民的骨干作用，开展"一人一岗"服务活动，大力发展学习型特色服务。广泛发动居民和社区单位与广大弱势群体结成帮扶对子，社区多名需要扶助的困难家庭、老人和残疾人全部找到了帮扶对子，创建了 5 个老少结对的特色家庭，实效明显。同时，社区还建立了残疾人康复站、妇女维权服务站、高血压俱乐部等服务性组织，形成了组织帮扶的有效平台。此外，通过建立再就业互助组织，大力发展技能型就业服务。社区建立起了爱心编织站，并与有关企业合作，积极为下岗失业居民广拓就业渠道，吸纳下岗居民 100 多名，为 270 多名下岗失业居民开拓了广阔的就业渠道。

三是依托少工委平台。加强青少年学习教育是创建学习型社区的主要抓手，通过开展丰富多彩的未成年人主题学习活动，促进学生全面发展。①抓住爱国主义教育这个永恒的主题，通过参观学习、知识讲座、观看电影等方式来培

养未成年人的爱国主义思想,并通过交流来强化。②开展各类节日活动。各种重要节日、纪念日中蕴藏着宝贵的道德教育资源,社区通过开展"学雷锋"主题教育系列活动,"缅怀先烈、学习先烈"的清明节扫墓活动,母亲节感恩教育主题月系列活动,重阳节"我为高龄老人读报""老少同游宁波帮博物馆"等活动,促进了民族精神的代代相传。③开展青少年读书教育活动。在社区的小学生中组织开展"老少同乐读好书"主题读书教育活动,通过组织征文比赛、传唱优秀童谣、朗诵经典文段、夏令营和各种社会实践活动,不断强化未成年人多读书、读好书的良好习惯。

五、实践成效与影响力

开展建设学习型社区活动,有力推动了社区工作的全面发展。兴庄路社区先后被评为浙江省和谐社区、市级文明社区、市级未成年人思想道德建设工作先进集体、市级老年电大示范教学点、市级示范社区少先队等,社区兴智社团与荷风艺术团被评为优秀学习型社团。2010年7月,在镇海区社区教育工作会议上,兴庄路社区被评为"镇海区未成年人养成教育品牌社区",几年来,兴庄路社区坚持"以民为先、以人为本"的原则,始终把满足社区居民的各类需求作为社区工作的重心,整个社区已呈现出居民素质高、环境品位高、生活质量高的学习型文明社区的良好氛围。

第三章 宁波市创建学习型城市取得的主要成效、面临的挑战与发展趋势

浙江省宁波市开展学习型城市建设工作十余年来,在市委、市政府的高度重视、大力支持、全力推动下,在各级教育行政部门和其他各有关部门协同配合、积极推进下,宁波市学习型城市建设得到了较快的发展,在推动终身教育和终身学习法制建设、构建终身教育体系、大力发展社区教育、加强学习型组织建设、推进终身教育信息化、建立终身学习公共服务平台、实现终身教育资源共享、为各类人群创造继续学习和终身学习机会、推进面向社会全员的培训服务、满足社区各类群体多样化的学习需求等方面,取得了一系列重要进展和令人瞩目的成绩,积累了丰富的经验。同时,在经济社会全面转型时期,特别是随着城镇化和社会人口老龄化的快速发展,教育发展出现了一系列深刻变化,学习型城市建设既面临新的发展机遇,也面临一系列严峻挑战。在全面建成小康社会决胜阶段的关键之年,推进学习型城市建设工作,构建新时期学习型城市建设的战略布局与发展框架,是现阶段亟待研究的重大命题。

第一节 宁波市创建学习型城市取得的主要成效

建设学习型城市,推进学习型社会建设是全面建成小康社会的重要内容,也是推动宁波市建设更具创新能力的经济强市、更具活力的现代化国际港口城市、更高品质的民生幸福城市的重要因素。多年来,宁波市通过推进学习型城市建设,不断提升各类人员、各类群体的能力和素质,将人力资源转化为人力资本红利,有力地促进了城市的社会创新和经济持续发展,取得了一系列令人瞩目的成绩,为提升城市竞争力注入不竭的动力。

一、有力地促进了城市经济转型发展

学习型城市的建设,对经济发展发挥着服务性、先导性、基础性作用,特别是在当前调整经济结构、转变发展方式、推动产业转型升级、加快建设创新型城市和创新型国家的新常态时期,加快建设学习型城市,有利于不断提高各行各业从业人员的能力和素质。以知识结构转型升级促进产业结构转型升级,助推城市经济快速稳定发展,把建设学习型组织、开展全民终身学习作为探索科学发展机制的重要平台。通过创建学习型机关、学习型企业、学习型社区,能够有效地提升机关和企事业单位自主创新的能力,使蕴含在广大群众中的学习与研究成果转化为现实生产力,从而加快传统产业转型升级,推动战略性新兴产业、先进制造业和现代服务业发展,促进经济发展方式的转型,为适应和引领经济发展新常态提供智力支撑,促进城市经济稳定增长。

据宁波市统计局和国家统计局宁波调查队发布的《2015 年宁波市国民经济和社会发展统计公报》显示,2015 年,宁波市通过深入实施经济社会转型升级三年行动计划,主动适应经济发展新常态,实现地区生产总值 8011.5 亿元,按常住人口计算,全市人均地区生产总值为 102475 元(按年平均汇率折合 16453 美元);城镇与农村居民人均可支配收入分别达到 47852 元和 26469 元。与 2000 年相比,全市地区生产总值、人均地区生产总值、城镇与农村居民人均可支配收入分别增长了 600%、47.2%、338.2%、422.2%。经济的快速发展依靠人才培养和高素质的劳动者,推进学习型城市建设,创新城市发展模式,有力地促进了经济快速转型发展。

二、促进城市的和谐稳定

打造和谐、稳定、宜居的城市环境是创建学习型城市的重要目标。城市是社会的载体,要构建社会主义和谐社会,必须从建设和谐城市入手。这就不仅需要大力发展城市经济,加快城市经济转型发展,而且需要激发社会、企业、个人的活力和创造力,个人、组织的学习能力越来越成为推动经济发展和社会进步、和谐稳定发展的决定因素,每个劳动者都需要不断地进行知识更新、理念创新、技能提升。通过创建学习型城市,提升市民文明素质,有利于人际关系的和谐;市民通过学习培训,提升就业和再就业能力,有利于消除贫困,增进社会公

平,加强社会的和谐凝聚度。把学习型城市建设与创业型城市创建结合起来,降低了城镇登记失业率,有效地增强城市的和谐凝聚力。

据宁波市统计局和国家统计局宁波调查队发布的《2015 年宁波市国民经济和社会发展统计公报》显示,2015 年全市城镇新增就业人员 17.8 万,7 万名失业人员实现再就业,年末城镇登记失业率为 2.01%。通过推进全民参保登记计划,全市职工基本养老、基本医疗、失业、工伤和生育保险参保人数不断增长,社保待遇、居民最低生活保障标准、企业职工最低工资标准等继续得到提高;生态建设和"平安宁波"建设取得新的成效,妇女儿童、残疾人和公益慈善事业稳步发展,居民生活品质持续得到改善。

三、有效地提升了市民素质和文明行为

建设学习型城市的根本目的在于提高市民的综合素质及其文明水平,使其得到全面的发展。近年来,宁波市创建学习型城市成效显著,坚持以"树品牌、抓内涵、促发展"为目标,持续推进城乡终身教育体系建设。不断加强成人学校和社区教育规范化、标准化、科学化建设与管理。大力实施"互联网+终身教育"工程,推进终身教育信息化,发挥线上学习、线下体验融合发展优势,探索形式多样、手段灵活的终身教育路径。积极推进面向社会全员的培训服务,努力打造各类学习型组织建设,开展以职业技能提升为主的培训工程,推进新型职业农民培养工程、优秀农民进高校、农科教结合项目、成人"双证制"高中等一系列提升市民文化技能素质工程和项目,大力发展老年教育、新市民教育,形成了一大批终身教育和终身学习品牌,有力助推了宁波学习型城市的建设和发展。不仅有效地提升了市民思想道德素质、科学文化素质、专业技能和健康水平,而且明显提高了市民的文明水准。

据宁波市统计局和国家统计局宁波调查队发布的《2015 年宁波市国民经济和社会发展统计公报》显示,2015 年全市新增各类人才 19.4 万人,年末全市人才总量达 187.2 万人。2015 年全市完成技能人才培训 22.4 万人,各级财政投入农民培训资金共 3943.1 万元,完成各类农民培训 11.1 万人次。全年新增农村实用人才 1.4 万人,年末农村实用人才总量达 15.8 万人,占农村实有劳动力的 6.6%。2015 年全市高等教育毛入学率为 60%,2014 年全市每万人拥有在校大学生数增加到 259.3 人。

近年来,宁波市扎实推进文化惠民工作。2015 年,全市每万人拥有公共图书馆藏书量达到 12403 册,全市共建 27 个 24 小时自助图书馆(阳光房),农家书屋流转更新 30.8 万册次;全市建成 100 家公益电影放映基地和 65 个乡镇数字影厅,建成完善 204 家农村电影固定放映点;开展送高雅艺术进基层近 300 场,全市送戏下基层 6000 余场次;全市 56 个直属体育场馆全部向社会开放。教育、文化、体育等项事业的发展,有效地提升了市民素质和文明行为。

四、促进了城市生态文明与创新发展

生态文明建设是中国特色社会主义事业的重要内容,关乎人民福祉,关乎民族未来,关乎两个一百年奋斗目标和中华民族伟大复兴中国梦的实现,关乎人与自然的和谐发展,是现代化城市建设的发展目标。多年来,宁波市党政领导带头,树立尊重自然、顺应自然、保护自然的生态文明理念,走可持续发展道路,坚持节约资源和保护环境的基本国策,坚持节约优先、保护优先、自然恢复为主的方针,着力推进绿色发展、循环发展、低碳发展,形成节约资源和保护环境的空间格局、产业结构、生产方式及生活方式,从源头上扭转生态环境恶化趋势,为人民创造良好的生产生活环境,为全球生态安全做出贡献。宁波市十分重视在学习型城市建设中融入城市生态文明建设,把建设学习型城市与建设生态文明城市紧密结合,开展生态文明教育,使广大市民树立生态文明意识,提升生态文明水平和行为,并制定了生态文明制度,有效地促进城市生态文明发展和宜居水平的提高。

据宁波市统计局和国家统计局宁波调查队编印、中国统计出版社出版的《2015 年宁波统计年鉴》数据显示,2014 年,宁波市建成绿化覆盖率 38.55%,污水处理率达到 89.95%,分别比 2010 年提高了 8.62 和 2.75 个百分点。2015 年末全市共有国家级生态县(市)区 4 个,省级生态县(市)区 9 个,国家级生态乡镇 96 个,省级生态乡镇(街道)120 个,宁波市生态文明建设迈上了新的台阶。

五、有效地提升了市民的生活水平和幸福感

宁波市创建学习型城市,积极弘扬创业、创新、创优精神,以提高人们的生存状态与文化素质为共同愿景,把努力提高辖区内居民的学习能力、工作能力和生活质量作为建设学习型城市的核心目标,在推进学习型城市建设进程中,

努力将全市各城区、乡镇建成文化先进、生活富裕、环境优美、社区和谐的人文社区,不断增强社区服务功能,提升居民群众的幸福感,帮助人们树立起适应社会变化要求的人生观、工作观、学习观;培养全体市民开阔、创新的思维方式和与人为善、与自然为友的行为准则;引导人们活出生命的意义,找到人生的快乐和幸福,有利于人的全面和谐发展,有利于人与人之间、群体与群体之间的和睦相处,有利于和谐社会建设,助推居民群众幸福指数大幅提升,切实把保障和改善民生作为建设工作的重中之重。通过学习和培训,提升了市民生存和发展能力,拓宽了选择职业的空间,提高了生活水平。市民的物质和精神生活不断满足,市民的归属感和幸福感不断增强。

据宁波市统计局和国家统计局宁波调查队编印、中国统计出版社出版的《2015 年宁波统计年鉴》数据显示,2014 年,城镇居民人均生活消费支出 27893 元,农村居民人均生活消费支出 16228 元,分别比 2010 年提高了 43.63% 和 65.69%。2014 年,城镇和农村居民用于教育文化娱乐的消费支出分别为 65.96 亿元、32.04 亿元,比 2013 年分别增长了约 42% 和 30.46%,从一个侧面反映了宁波市民的生活水平和幸福感得到明显提升。

六、形成了宁波特色的学习型城市建设之路

近年来,宁波市在学习型城市建设过程中,取得了重要进展,积累了丰富的经验,形成了具有宁波特色的学习型城市建设之路。概括起来主要有:一是始终树立全局观念,紧紧围绕国家经济和社会发展战略布局,坚持在服务大局中推进学习型城市建设。实践证明,坚持服务大局的地方,更能得到各级政府的重视和支持,统筹协调力度就更强,资源投入就更大,建设成效就更明显。二是在推进学习型城市建设过程中,坚持以人为本的理念,充分发挥市民在学习型城市建设中的主体作用,把市民的学习需求作为学习型城市建设的导向,将市民作为学习型城市建设评价的主体,以他们的知晓度、认同度、参与度和满意度作为衡量学习型城市建设质量和成效的最基本尺度。三是在推进学习型城市建设过程中,坚持以立法为保障,制定、审议、通过并批准了《宁波市终身教育促进条例》,明确了推进宁波市学习型社会建设各有关方面的目标、责任、工作和条件保障,实行政府主导、市场调节、社会参与,教育主管、各有关部门协同参与,整体推进学习型城市建设。宁波市创建学习型城市取得的成效和经验,可

供各地城市学习、借鉴。

第二节　宁波市创建学习型城市面临的挑战

近年来,宁波市推进学习型城市建设工作得到了较快发展,取得了明显成绩,积累了宝贵经验,为推进学习型社会建设,全面建成小康社会做出了重要贡献。在总结成绩的同时也应清醒地看到,目前,宁波市创建学习型城市工作仍处于起步阶段,创建工作还面临着许多困难和挑战,大力发展继续教育,建立和完善终身教育体系依然是整个教育工作的薄弱环节,各类组织机构和广大市民终身学习的内生动力仍需进一步激发和调动,学习型城市建设工作任重道远。

一、终身教育法规需要进一步落地

2014 年,《宁波市终身教育促进条例》正式颁布,宁波市成为我国第五个颁布终身教育促进条例的省市,也是我国第一个颁布终身教育促进条例的计划单列市,标志着宁波市完善终身教育体系,建设学习型社会工作进入新的历史阶段。但要充分发挥《条例》对宁波市创建学习型城市工作的指导与保障作用,还需要进一步完善法规的顶层设计,针对法规所提出的各项目标、任务,制定和完善相应的实施细则及相关政策,使《条例》能够对接学习型城市和学习型社会建设实际,对创建工作真正起到工作指导和法规保障作用。随着相关理论研究和实践探索的不断深入,《条例》中原有条款的有关规定可能会与创建工作实际产生不相适应的状况,因此还需要对《条例》及时做进一步修订。

二、学习型城市建设的体制机制尚不完善

体制机制的不完善成为制约学习型城市建设的最重要的因素。一方面,各级政府在推进学习型城市建设进程中的政策指导、统筹协调、条件保证、督导评估等方面的主导作用仍需进一步加强;另一方面,由于传统体制上的原因,政府各部门之间、教育内部的各领域之间条块分割、各自为政、多头管理、自我封闭的现象仍然存在,尚未形成各部门联动、有机协作的创建工作体制和具有可操作性的长效运行机制。目前各类资源的有机整合、开放共享程度不高,服务社会的能力不强,缺乏有效的创新行动,与发展终身教育、方便市民终身学习的总

体要求还有相当的差距。因此,需要通过科学的制度设计和有效管理,才可能促成这些要素的有机融合,形成整体合力、协同运行的局面。

三、创建工作的内涵式发展不足

目前,宁波市在终身教育的阵地建设和资源建设方面已初见成效,努力为各类人群创造不同的学习条件。但从纵向看,现有的四级网络机构的基础条件还比较薄弱,其办学经费、师资队伍和设施设备还不能满足日益增长的学习需要;从横向上看,全市各区域的终身教育发展水平也不均衡,个别区域发展迟滞,政府在保障制度建设上缺位,保障能力刚性不足,落实过程尺度不一,随意性较强;终身教育体系尚未形成,资源整合统筹差强人意,社区教育缺乏创新发展,学习型组织建设推进缓慢,终身学习文化有待打造,学习型城市建设的内涵式发展不足,发展模式有待创新,终身学习服务能力有待提升,学习型城区建设有待推进,创建特色尚未凸显。

四、成人继续教育在各类教育发展中仍很薄弱

成人继续教育是我国教育体系的重要组成部分,是构建终身教育的"火车头",与其他类型教育相比,多年来成人继续教育一直是各类教育发展中最为薄弱的领域,其改革发展还存在许多困难和问题。如前所述,学习型城市建设存在的困难和问题很大程度上均存在于成人继续教育当中,全国如此,宁波市也不例外,如缺乏足够的共识、管理体制机制不完善,经费投入不足、工作者队伍薄弱等。为此,要实现党的十八大提出的"积极发展继续教育,完善终身教育体系,建设学习型社会"的目标,成人继续教育的发展还有很长的路要走。

第三节　对策与展望

建设学习型城市是实现学习型社会的重要基石,是实现"两个一百年"奋斗目标和中华民族伟大复兴中国梦的重要内容和有力支撑。依据宁波市委关于制定宁波市国民经济和社会发展第十三个五年规划的建议,"十三五"期间,宁波市要着力建设更具创新能力的经济强市,力争生产总值、人均生产总值、城乡居民收入比 2010 年翻一番,统筹推进经济建设、政治建设、文化建设、社会建

设、生态文明建设和党的建设,基本建成特色鲜明的文化强市、生态文明先行示范区,建设更高水平的小康社会。为此,需要激发社会、企业、个人的活力和创造力,把全民终身学习作为城市发展的重要基础,通过推进学习型城市建设,不断提高各行各业从业人员的能力和素质,进一步激发人力资本的潜能,将人口红利转化为人力资本红利,推动未来经济增长。将学习置于城市发展的核心地位,有助于促进社会创新和经济持续发展。通过建设学习型城市,可以更好地发挥城市的引领性、辐射性、服务性、基础性功能,促进城市治理的民主化、科学化,形成和谐、文明的现代城市文化,为提升城市竞争力注入不竭的动力。

一、建立领导协调机构,强化体制机制保障

《教育部等七部门关于推进学习型城市建设的意见》明确提出,要建立多部门共同参与的学习型城市建设领导协调机制,形成政府统筹领导、行业部门联动、社会协同、全民参与的学习型城市建设工作格局,并对各有关部门参与学习型城市建设的相关职责做了明确分工。浙江省《关于推进学习型城市建设的实施意见》也明确提出,要成立推进学习型城市建设工作指导委员会,建立工作联席会议制度,各级党委、政府要把建设学习型城市作为一项长期的、事关全局的战略任务,纳入重要议事日程,加强领导,明确责任。随着学习型城市建设工作的不断推进,建立由宁波市各级政府牵头、各有关部门参与的学习型城市建设协调领导体制机制将成为必然。要将学习型城市建设纳入宁波市社会经济发展的整体规划之中,发挥政府领导协调机构的统筹协调作用,加强学习型社会建设的规划制定、统筹决策、指导督察等工作。落实发改、财政、教育、经信、科技、农委、人社、文广、体育、民政、卫计等部门的责任,发挥工会、共青团、妇联等群众团体和社会组织的作用,形成跨界协同、共同推进的学习型社会建设新机制,从而推动学习型城市建设规范有序发展。

二、完善相关法规政策体系,加强创建工作顶层设计

建设学习型城市是贯彻落实党的十八大精神,推进学习型社会建设的重要举措,市级、区(县)和街道(乡镇)各级党委、政府和教育等相关部门要从国家经济社会发展战略的高度和未来城市发展趋势的角度高度重视这一工作,把建设学习型城市工作摆在城市经济社会发展的重要位置。要加强对建设学习型

城市工作的系统规划,以构建全民学习、终身学习的学习型社会为目标,做好学习型城市建设工作的顶层设计,进一步完善《宁波市终身教育促进法》,从理论与实践方面理顺构建终身教育体系与推进学习型城市和学习型社会建设的关系,并制定落实法规的实施细则,使法规对促进终身教育的各项规定落到实处,做到有法可依。同时,要制定相关政策措施,强化法规制度保障,将学习型城市建设工作纳入城市发展的总体规划之中。依据国家和浙江省两级七部门关于推进学习型城市建设的实施意见,制定《宁波市关于推进学习型城市建设的实施意见》,明确宁波市创建学习型城市的指导思想、总体目标、工作原则、重点任务、保障措施等内容,形成宁波市相关法规政策体系。坚持以人为本,把满足人们多样化的学习需求和全面发展作为学习型城市建设的出发点和落脚点,促进学有所教、学有所成、学有所用。坚持从实际出发,实行城乡统筹,全面推进内涵式发展,不断提高学习型城市建设质量和水平,促进城市的包容、繁荣与可持续发展,促进区域经济建设和社会发展,为建设物质富裕、精神富有的现代化宁波提供直接有效服务。

三、构建终身教育体系,搭建人才成长"立交桥"

坚持教育优先发展战略、统筹各级各类教育协调发展、构建终身教育体系,是创建学习型城市的重要内容和基础。

一是要促进各级各类教育协调发展。加快学前教育普及步伐,提升学前教育质量。均衡发展九年义务教育,完善并落实进城务工人员随迁子女和农村留守儿童接受义务教育的各项政策措施。推进普通高中特色办学试点,深化普通高中新课程实验,实现普通高中教育特色发展。推动地方普通高等教育内涵式发展,提高人才培养质量,突出办学特色。要加快发展现代职业教育,巩固提高中等职业教育发展水平,建设一批中等职业示范学校,保持普通高中和中等职业学校招生规模大体相当;创新发展高等职业教育,培养服务区域发展的技术技能人才,推进地方本科院校转型发展,探索发展本科层次职业教育,加强职业教育基础能力建设,加快构建现代职业教育体系。要将学前教育和高中阶段教育纳入基本公共教育服务体系范围,积极构建基本公共教育服务体系。积极发展多种形式的继续教育,不断完善区域继续教育网络体系,推进成人学校标准化建设。坚持以加强人力资源能力建设为核心,大力发展非学历继续教育,稳

步发展学历继续教育。探索建立有利于全体劳动者接受的职业教育和培训的灵活学习制度,面向未升学初高中毕业生、残疾人、失业人员等群体广泛开展职业教育和培训,广泛开展农民、企事业单位职工和各类专业技术人员、管理人员的继续教育,继续深入实施成人"双证制"高中、"优秀农民进高校"、农科教结合项目等品牌工程,增强区域内各类学校、行业企业和社会教育培训机构继续教育服务的能力,推动区域内职业教育与继续教育的有效衔接,引导城市职业院校拉动县级职教中心转型发展,将县级职教中心办成学历教育、技术推广、扶贫开发、农村实用技术和劳动力转移培训、社会文化和生活教育的重要基地。探索完善地方继续教育法规和制度建设,将本市继续教育改革发展纳入法制化、规范化建设轨道。

二是推动各级各类教育的开放融合。积极发挥政府各有关部门、企事业单位和社会组织机构的各方面优势,引导和支持地方各级各类学校、社区、组织机构面向全社会开放学习资源,进而服务于所有人的终身学习需求。

三是探索建立市民学习成果的认定、积累和转换制度,建立市民"学分银行"及其管理运行机构,着力搭建人才成长的通道和终身教育"立交桥",加快推进各级教育纵向衔接、各类教育横向沟通,促进教育系统与社会系统的协调发展。

四、加强终身学习平台与资源建设,满足市民多元学习需求

建设学习型城市,不仅要完善终身教育体系,还应构建终身学习服务体系。为此,应继续深化终身学习网络平台和社会学习资源建设,发挥线上学习、线下体验,融合发展优势,探索形式多样、手段灵活的终身教育与学习路径。通过打造全市终身教育门户网站,建立宁波市终身学习公共服务平台,积极推动教育信息化进程,在各县(市)区已经建立的市民数字化学习平台基础上,要打造品牌,形成特色,互联互通,实现终身教育与学习资源共享。要将学习平台的建设工作与学习者工作实际相结合,以服务为宗旨,有效利用卫星电视和计算机网络等现代远程教育手段,建立网络教室、电子阅览室等现代教学设施;收集教育教学资源,特别是优秀教师的课堂教学实录、多媒体课件、试题库、拓宽性阅读资料及与课堂教学有关的课改资料等;建立教育信息资源库,实现更大范围内和更高意义上的优质教育资源的共享,满足不同层次学习者的需要,使学习资

源中心成为广大学习者接受现代远程教育的工作站或教学点,成为优质教学资源的集散地。市、区各级政府要加强社会学习平台和社会学习资源建设规划,建设市级和各县(市)区一体化的社会学习平台。要建立以政府为主的平台建设的投入机制,改进和优化学习平台的硬件配置。要加强数字图书馆、数字出版物等网络学习教育平台建设,推进文化信息资源共享,为社会全体成员提供便捷即时的教育服务平台,满足市民多元化的学习需求。

五、发展城乡社区教育,推进学习型组织建设

一是要建立和完善市、县(区)、街道(乡镇)、社区(行政村)四级社区教育网络,提升社区能力建设水平,注重打造品牌,形成特色。

二是积极推进社区教育实验区、示范区建设,指导各实验区、示范区积极开展实验项目,发挥其辐射带动作用。

三是推动农村社区教育发展,以创建学习型农村社区为主题,开展有关农村村民学习与改善民生的专题项目实验与研究,积极主动地与所在农村社区的有关机构开展合作,充分利用当地社会资源,争取社会的广泛支持和参与,在满足农村居民多元化的学习需求,增收致富,提高综合素质和生活质量,促进农村经济发展、社会进步等方面发挥积极作用。

四是推动社区积极开展面向在职人员和下岗失业人员的技能培训,帮助提高他们的技能水平;在城镇化进程中,帮助进城务工人员和农转非人员更好地融入城镇生活;帮助老年人群丰富社会文化活动,提高生活幸福指数。

五是积极统筹社区内外的各种资源,大力引导和支持区域内各级各类学校、研究单位等机构的优质教育资源面向社会开放与共享。

六是加快推进各类学习型组织的建设。如学习型区县、学习型街道等区域性学习型组织的建设,学习型机关、学习型企业、学习型学校、学习型家庭等单位性学习型组织的建设,积极开展各类试点、示范工作,不断提高学习型组织在城乡社区、企事业单位中的比例。

七是加强各类学习共同体的形成与建设,注重培育以自主、协商、共享为基本特征的学习团队和共同体,形成多类型、多层次、多形式的学习共同体,建立学习团队联盟,编制学习团队评价标准,培训团队领导人,评选先进学习团队等。

六、营造终身学习文化氛围，提升城市文化品位

建设学习型城市，需要增强城市的文化特色，努力让文化惠及更多的民众。

一是要充分利用各类媒体包括网络媒体，以多种方式普及终身学习理念，宣传建设学习型城市的重要意义，报道创建学习型城市的工作动态、典型经验和工作成果，推进舆论宣传进单位、进乡镇、进社区、进家庭，不断提高市民对终身学习的知晓度与参与率。

二是要不断创新终身学习制度，将创建学习型城市的任务层层分解落实，纳入目标考核内容，完善和创新学习保障机制和表彰奖励机制，加强督促检查，形成终身学习的内驱动力。

三是要持续开展"全民终身学习活动周"活动，创新举办形式，丰富活动内容，在全市推动更多的区域开展此项活动，动员更多的群众投入到学习中去。

四是要倡导全民阅读活动，广泛开展各种形式和内容的读书节、读书周、读书月、读书季等活动，通过整合阅读资源，打造了一批有影响力的全民阅读书香品牌。

五是要加快区域内文化教育资源建设。进一步扩大广播、电视的人口覆盖率，进一步提高互联网络和使用终端设备的普及率；推进包括图书馆、博物馆、科技馆、美术馆、影剧院、音乐厅、公园、游乐园等在内的各种社会文化艺术场所向市民免费开放；加快构建覆盖全市的公共文化服务体系，推动城乡公共文化设施互联互通，提高各类文化资源利用率；推动全民学习、终身学习活动的开展，不断丰富城市文化生活，形成全社会关心、支持、参与创建学习型城市，推进学习型社会建设的浓厚氛围。

七、加强学习型城市建设研究，开展国际交流与合作

加强学习型城市建设的理论研究和实践探索，是推进学习型城市建设的重要推动力。要把积极推动群众性、学术性的理论研究与实践探索作为学习型城市建设的重要工作，紧密围绕推进学习型城市建设中的重大问题，从理论与实践两个层面积极开展专题研究，加强学习型城市建设的基础理论研究，探索学习型城市的体制机制建设，研究制订学习型城市建设标准，开展学习成果认证、积累与转换制度的研究与实践，研究和建立各类学习型组织建设标准和动态管

理机制,坚持理论创新、实践发展。要举办多种形式的相关理论研讨活动,力求通过交流研讨,开阔视野;力争解决学习型城市建设中遇到的实际困难和问题,发挥理论研究的指导和引领作用,为各级政府决策提供依据。同时,积极开展国际交流与合作,了解和分析世界学习型城市建设的现状和发展趋势,分享、借鉴中国和世界各国和地区建设学习型城市的经验与做法,为我国学习型城市建设和发展提供新的思路和可借鉴的经验。向世界展示我国学习型城市建设的政策、经验与成就,加强与世界各国和地区在此领域的交流与合作,促进学习型城市建设的国际理解与开放。

总之,建设学习型城市是一项系统工程,我们需要把学习型城市建设置于国家现代化建设和城市发展的整体战略当中,作为贯彻落实党的十六大、十七大和十八大提出的建设全民学习、终身学习的学习型社会战略目标的重要抓手,任务艰巨,使命光荣,前景广阔,需要全社会凝心聚力、开拓创新、解放思想,共同谱写学习型城市建设的新篇章,不断开创学习型城市建设的新局面,为全面建成小康社会、实现中国"两个一百年"的奋斗目标和中华民族伟大复兴的"中国梦"努力奋斗!

参考文献

［1］顾朝林,刘佳燕,等.城市社会学(第2版)［M］.北京:清华大学出版社,
2013.

［2］联合国教科文组织国际教育发展委员会.学会生存——教育世界的今天与
明天［M］.北京:教育科学出版社,1996.

［3］联合国教科文组织总部.教育—财富蕴藏其中［M］.北京:教育科学出版
社,2001.

［4］联合国教科文组织,中华人民共和国教育部,北京市人民政府.建设学习型
城市北京宣言［N］.高等继续教育学报,2014,27(1).

［5］诺曼·郎沃斯.终身学习在行动——21世纪的教育变革［M］.北京:人民大
学出版社,2006.

［6］宁波市教育局职成教教研室.我们在拓展中——成人教育优秀案例案集
［M］.北京:高等教育出版社,2014.

［7］宁波市统计局,国家统计局宁波调查队.2015年宁波市国民经济和社会发
展统计公报［R/OL］.(2016－02－01).http://www.nbstats.gov.cn/read/
read.aspx? id＝29009.

［8］宁波市统计局,国家统计局宁波调查队.2015宁波统计年鉴［M］.北京:中
国统计出版社,2015.

［9］社区教育"学习圈"课题组.社区教育"学习圈"建设的研究与实践——基
于镇海的实践分析［M］.杭州:浙江大学出版社,2014.

［10］台湾社区教育学会,等.学习型城市［M］.台北:师大书苑有限公司,2012.

［11］中共宁波市委办公厅.关于推进学习型党组织建设的实施意见［R/OL］.
(2010－06－28).http://news.cnnb.com.cn/system/2010/06/28/
006578172.shtml.

［12］中国成人教育协会.中国学习型城市建设发展报告［R］.杭州:西泠印社出

版社,2015.

[13] 中国共产党宁波市第十二届委员会第十次全体会议. 中共宁波市委关于制定宁波市国民经济和社会发展第十三个五年规划的建议[N]. 宁波日报,2016 - 01 - 05(A3).

[14] Dr. Balázs Németh. UNESCO and the Global Learning Cities Initiative[R/OL]. (2014 - 02 - 18) http://www. learningcities2013. org/xwen/.

[15] Norman Longworth, Michael Osborne. Perspectives on learning cities and regions:policy,practice and participation[M]. Leicester:NIACE,2010.

[16] Norman Longworth. Learning cities, learning regions, learning communities [M]. London, New York: Routledge,2006.

[17] Tim Cambell. Beyond Smart Cities—How Cities Network,Learn and Innovate [M]. London:Earthscan Ltd,2012.

[18] UNESCO Institute for Lifelong Learning. Guidelines for Building Learning Cities[R/OL]. http://pascalobservatory. org/sites/default/files/2guidelines_for_building_learning_cities_en. pdf.

[19] UNESCO UIL. International Review of Education[M]. Berlin:Springer,2013.